Educação: a solução está no afeto

EDUCAÇÃO: A SOLUÇÃO ESTÁ NO AFETO

Edição revista e atualizada

Editora Gente

Editora
Rosely M. Boschini
Coordenação editorial
Goimar Dantas
Produção gráfica
Nanci A. Fernandes
Capa
Guilherme Xavier
Editoração eletrônica
Lato Senso - Bureau de Editoração
Preparação
Tânia Maria Roiphe
Revisão
Beatriz de Freitas Moreira

Rua Pedro Soares de Almeida, 114
São Paulo, SP, CEP 05029-030, telefone: (11) 3670-2500
Site: http://www.editoragente.com.br
E-mail: gente@editoragente.com.br

Dados Internacionais de Catalogação na Publicação (CIP)
(Câmara Brasileira do Livro, SP, Brasil)

Chalita, Gabriel
Educação: a solução está no afeto / Gabriel Chalita – São Paulo: Editora Gente, 2001 1ª ed., 2004 edição revista e atualizada.

Bibliografia.
ISBN 978-85-7312-322-7

1. Afeto (Psicologia) 2. Educação de crianças 3. Psicologia educacional I. Título.

00-5279 CDD-370.153

Índice para catálogo sistemático:

1. Afeto na educação: Psicologia educacional 370.153

Oferecimento

À minha educadora de toda a vida, à contadora de histórias que embalou os meus sonhos de criança, à minha segunda mãe, Leila.

À Maria Célia de Toledo,
Vaneti Aparecida e
Vera Raphaelli
por transbordarem afeto.

Homenagen

Aos queridos alunos
da Pontifícia Universidade Católica de São Paulo,
que me ajudaram a entender que
o afeto é o único caminho para a educação.

Aos velhos e jovens professores, aos mestres de todos
os tempos que foram agraciados pelos céus
por essa missãotão digna e feliz.
Ser professor é um privilégio.
Ser professor é semear em terreno sempre fértil
e se encantar com a colheita.
Ser professor é ser condutor de almas e
de sonhos, é lapidar diamantes.

Sumário

Introdução

Muito já se falou sobre educação. A temática é antiga e sobre ela já escreveram centenas de milhares de pessoas: teses científicas ou meras opiniões; experiências pessoais e dados coletados em pesquisa minuciosa. Entretanto, os problemas relacionados à educação atingem patamares cada vez mais complexos.

A tentativa que ora se faz não é a de apresentar uma tese revolucionária sobre o assunto. Trata-se apenas de um novo olhar para esse universo a ser descortinado. Um olhar de afeto, um olhar amoroso. Educação e afeto! O ato de educar não pode ser visto apenas como depositar informações nem transmitir conhecimentos. Há muitas formas de transmissão de conhecimento, mas o ato de educar só se dá com afeto, só se completa com amor.

A relação mestre-discípulo da Grécia Antiga. O respeito à história de cada educando. A cumplicidade entre querer ensinar e se permitir aprender. A troca continuada de experiências, de sonhos, de ideais e de amor. O amor é capaz de quebrar paradigmas, barreiras, ranços. É o amor que nos envolve, que nos move.

Junto com o amor vêm o compromisso, o respeito, a necessidade de continuar a estudar sempre, de preparar aulas mais participativas, de repreender com pertinência, de abusar da paciência. Triste é o educador que já não acredita mais na capacidade de aprendizado, que não se debruça para examinar melhor a peculiaridade de cada aprendiz. A educação é, em todas as suas dimensões, um grande desafio.

Falar sobre educação é expressar sobre a única alternativa política e social para que este país encontre a dimensão de sua grandeza e para que o povo que aqui vive encontre a dignidade.

O ser humano está sempre a buscar felicidade. Em todos os tempos, em todas as culturas sempre se almejou a felicidade. Na sua busca, alguns não conseguiram, outros a confundiram com os prazeres efêmeros e se entregaram à submissão. Ser feliz é um objetivo ao mesmo tempo simples e complexo. Simples porque depende de mera decisão (embora decidir seja angustiante – depende do querer). É também complexo porque o ser humano é único, é genial, é especial e aprende e ensina e evolui e cresce e é. E por causa disso tudo não se satisfaz com qualquer coisa. É mutável. É imprevisível. De qualquer forma, quando consegue canalizar seu potencial para o bem, suas obras são fantásticas.

Educação e afeto. Educação para a felicidade e para a vida – eis o objetivo deste livro. Trazer histórias universais, discutir valores, falar de vida. Elencar experiências vividas em escolas e trazer a lume a discussão sobre vários tipos de educador, de pais, de aluno. Qual o papel da escola? Qual a importância do professor? A máquina substitui a pessoa? O que precisa ser ensinado e o que precisa ser aprendido? Todos aprendem de igual forma? É possível democratizar o ensino? Como trabalhar autonomia, ética, dignidade nos bancos escolares? Como selecionar conteúdos? E acima de tudo: onde entra o afeto na relação educacional?

Numerosas experiências foram desenvolvidas e aplicadas para que se pudesse encontrar o modelo de escola ideal, e muitas fracassaram. Talvez o foco tenha se perdido. Talvez questionamentos como os que apresentamos não tivessem sido valorizados. Como educar sem saber que tipo de aluno se pretende formar? Como educar sem saber o alcance do vôo que o educando pode dar?

A tarefa de todo educador, não apenas do professor, é a de formar seres humanos felizes e equilibrados.

O conteúdo vale mais do que o equilíbrio? E as questões emocionais? E a dimensão social? É preciso preparar o aluno para que ele tenha capacidade de trabalhar em grupo, como líder ou colaborador, mas em grupo. Só assim ele saberá atuar na família e na comunidade.

Eis nosso modesto intento: trazer à tona antigas questões para auxiliar o educador a exercer com mais competência e maestria sua missão.

Metodologicamente começaremos pela reflexão. Refletir um pouco sobre a criança, o jovem, o idoso. Depois trataremos de valores que sempre acompanharam mulheres e homens na história. E exemplos de histórias de vida.

Em um segundo momento passaremos para a ação.

Perfil de professor que podemos encontrar, tipos de família que interferem na escola. Por fim abordaremos a escola e os desafios para a construção de uma nova relação educacional com base em três pilares: habilidade cognitiva, habilidade social e habilidade emocional.

Trata-se de um convite à reflexão e à ação. Um convite para viajar um pouco por esse fascinante universo de construção de seres humanos, que se dá em muitos âmbitos. Embora a escola seja o local privilegiado para a educação, ela se dá na vida e se dá para a vida e para a felicidade. Boa viagem, boa leitura!

Gabriel Chalita

Primeira Parte – Reflexões

SONETO DE FIDELIDADE

De tudo, ao meu amor serei atento
Antes, e com tal zelo, e sempre, e tanto
Que mesmo em face do maior encanto
Dele se encante mais meu pensamento.

Quero vivê-lo em cada vão momento
E em seu louvor hei de espalhar meu canto
E rir meu riso e derramar meu pranto
Ao seu pesar ou seu contentamento.

E assim, quando mais tarde me procure
Quem sabe a morte, angústia de quem vive,
Quem sabe a solidão, fim de quem ama

Eu possa me dizer do amor (que tive):
Que não seja imortal, posto que é chama,
Mas que seja infinito enquanto dure.

Vinicius de Moraes, 1939.

Capítulo I

O ser humano, esse gigante

1. A família

Que pode uma criatura senão, entre criaturas, amar?
Carlos Drummond de Andrade

Abrir um livro sobre educação, a começar pela família, demonstra a enorme preocupação com essa instituição. Não se experimentou para a educação informal nenhuma célula social melhor do que a família. É nela que se forma o caráter. Qualquer projeto educacional sério depende da participação familiar: em alguns momentos, apenas do incentivo; em outros, de uma participação efetiva no aprendizado, ao pesquisar, ao discutir, ao valorizar a preocupação que o filho traz da escola.

Por melhor que seja uma escola, por mais bem preparados que estejam seus professores, nunca vai suprir a carência deixada por uma família ausente. Pai, mãe, avó ou avô, tios, quem quer que tenha a responsabilidade pela educação da criança deve dela participar efetivamente sob pena de a escola não conseguir atingir seu objetivo. A família tem de acompanhar de perto o que se desenvolve nos bancos escolares. A droga, a violência, a agressividade não vitimam apenas os filhos dos outros. Mas o horror estampado nas faces dos pais, diante da surpresa de saber os filhos envolvidos em problemas, apenas demonstra a apatia em que vivem com relação a eles.

Muito se diz da falência da família como instituição. Muito se diz das máscaras que têm de ser usadas. Todo mundo mente para todo mundo. Os filhos escondem dos pais as dúvidas e as travessuras. Os pais escondem dos filhos as aventuras extraconjugais, a situação financeira, os problemas reais que assolam os lares. Cada um usa uma máscara. As dúvidas são resolvidas por amigos mais experientes. As travessuras são apoiadas por outros que, sabidos que são, garantem a aceitação e avisam que contar em casa é bobagem, os pais pertencem a outra geração, "quadrada", reprimida.

Já se tentaram várias fórmulas, regimes políticos e sistemas filosóficos para organizar de outro modo o triângulo pai-mãe-filho. Os comunistas tiveram suas novidades nesse sentido. No nazismo, ensaiou-se o plantel dos espécimes perfeitos. Nada substituiu o velho lar. A educação por conta do Estado e de instituições não funciona. A falência do sistema família-lar, pai, mãe, filhos solitários, passou a ser comum a partir não somente da liberdade sexual, isto é, do sexo sem repressão, como também da separação pelos cônjuges, aceita ou tolerada, entre sexo e amor. Nessa dicotomia amor/sexo, está projetada a dicotomia espírito/matéria: o amor é atributo da alma, do espírito; e o sexo, o instrumento meramente biológico do prazer.

Na família moderna, em numerosos casos, falta o amor. Pode-se afirmar que todos fingem não saber que o prazer é apenas um artifício criado pela natureza para obter dos seres vivos a preservação da vida. O prazer de se alimentar, que mantém vivo o corpo, e o prazer sexual, que leva à reprodução, são imperativos de nossa condição animal.

Jean-Jacques Rousseau, filósofo, sociólogo e pedagogo francês (1712-1778), sustentava a idéia de que o homem nasce bom, a sociedade o corrompe. Para ele o homem bom é aquele que se encontra no estágio primitivo, que não foi contaminado pela "civilização". Essa é a origem do mito do bom selvagem. Mas não se pode voltar jamais ao estágio primitivo, é preciso melhorar a sociedade. O filósofo reclamava que o verdadeiro fundador da sociedade civil foi o primeiro que, tendo cercado um pedaço de terra, lembrou-se de dizer "isto é meu" e encontrou pessoas suficientemente simples para acreditá-lo. Quantos crimes, guerras, assassínios, misérias e horrores teriam sido evitados se alguém lembrasse de defender-se desse impostor. E o homem que nasce livre acaba por encontrar-se, em toda a parte, acorrentado.

O homem primitivo, segundo Rousseau, era absolutamente diferente do homem ambicioso. Era gente, amando como gente, vivendo como gente. Não havia a desenfreada competição que faz com que todos queiram o tempo todo ter o melhor de tudo. Se alguém está satisfeito com o que possui, basta ficar sabendo que o outro tem mais para que a insatisfação e o desejo de possuir mais lhe tomem pela mão. É a sociedade dos competitivos, do se melhor em tudo, do ter o melhor carro, a melhor casa, a namorada mais bonita, a melhor roupa, ir à melhor festa, ser o melhor aluno da classe ou quiçá o melhor aluno da escola. O que é melhor? Quanta bobagem, quanta cobrança desnecessária, quanto medo de fracassar. A humanidade perdeu o essencial. E perder o essencial faz um mal enorme à alma humana, a quem quer ser feliz.

Lamentar, entretanto, não é a melhor alternativa. A construção de uma nova sociedade passa pela construção de uma nova família. Se o Estado não consegue organizar melhor suas instituições, se a educação continua na marginalidade dos projetos políticos, a única alternativa é a família.

A família tem a responsabilidade de formar o caráter, de educar para os desafios da vida, de perpetuar valores éticos e morais. Os filhos se espelhando nos pais e os pais desenvolvendo a cumplicidade com os filhos. Não é exemplo de família aquele em que o filho assiste à mãe pegar na feira 14 laranjas e não 12, e pagar uma dúzia. Não é exemplo de família aquele em que o filho é testemunha involuntária dos desentendimentos entre os pais; ou aquele em que os pais, frustrados com a própria infância e adolescência, projetam na prole toda a energia negativa, agressiva e cruel. Não é exemplo de família aquele em que o pai chega embriagado, em que a mãe foge da responsabilidade, em que os filhos têm horror a estar à mesa para a refeição conjunta. Não é exemplo na família o ódio, a violência, a tolerância apática. Não é exemplo de família aquele em que o pai exige que o filho seja um "macho", namore o maior número de garotas e, se necessário, procure profissionais do sexo. Não é exemplo de família criar a filha de uma forma absolutamente recatada e incentivar o filho a desfrutar das filhas dos outros. O machismo, o preconceito, a discriminação e os medos tantos nascem todos dentro do lar.

A família é uma instituição em que as máscaras devem dar lugar à face transparente, sem disfarces. O diálogo é necessário. Se em outros tempos bastava um olhar severo para se corrigir o comportamento, hoje se vive na era do "por quê". E com razão. A família autoritária perpetua a sociedade autoritária. Faz permanecer na mente de seus membros os ideais de obediência e submissão, de cópia, sem questionamento acerca dos padrões estabelecidos. O indivíduo que somente aprende a obedecer não estará preparado para a sociedade complexa deste novo milênio. Se é errado fumar maconha, os pais têm de explicar o motivo; se não faz bem a heroína, ou se o aborto é um crime, os filhos precisam estar preparados para dizer "não" aos estranhos que possam induzi-los ao erro. De nada adianta a negativa seca, sem explicação, sem diálogo. E menos adianta a omissão, sob a desculpa de não despertar a curiosidade nos filhos.

A preparação para a vida, a formação da pessoa, a construção do ser são responsabilidades da família. É essa a célula-mãe da sociedade, em que os conflitos necessários não destroem o ambiente saudável. O conflito de gerações, por vezes, faz com que os pais queiram viver a vida dos filhos e vice-versa. Nem a indiferença, nem o amor exagerado, opressor; a grande conquista é o equilíbrio, a serenidade, o bom senso. O respeito, que faz com que o tom de voz seja brando, que os espaços não sejam invadidos e a liberdade ensaie seus primeiros vôos em casa.

E os moços serão mais livres se tiverem condições de dizer a verdade em casa, sem medo de castigos.A família é o porto seguro. E se nela as máscaras não existirem, tudo ficará mais fácil. E se as projeções não transformarem a realidade em um inferno, a vida em grupo poderá ser de extrema riqueza para o crescimento e o amadurecimento de cada um.

O filósofo francês Jean-Paul Sartre (1905-1980), em uma memorável obra para teatro, *Entre quatro paredes*, conta a saga de três personagens que se encontram no inferno. Um deles, Garcin, é um homem de letras que está no inferno porque é covarde; fugiu, desertou. O outro personagem, Inês, é funcionária dos correios e está no inferno porque matou duas pessoas. O terceiro é Stelle, infanticida. Casou-se com um homem muito mais velho, por interesse, e acabou tendo um caso com outro. Do amante teve um filho que tratou de matar assim que nasceu. Os três personagens são absolutamente diferentes, vêm de vidas diferentes, de sonhos não vividos e de projeções. Todos gostariam de voltar a estar pelo menos uma vez mais na terra. Todos gostariam de apenas uma oportunidade para fazer algo que não fizeram. Não voltaram. Porque o tempo não admite retorno. Cada momento é único e por isso é preciso viver dignamente cada instante da vida.

O embate começa entre os personagens de Sartre. Garcin elege Inês. Acredita que Inês seja forte e resolve convencê-la de que ele não é covarde. Ele é tudo menos covarde. Conta histórias picantes, corajosas. Fala da mulher, que sofre com sua ausência, conta de uma amante. Fala, fala, fala e não convence Inês de que não é covarde. Ela ouve as histórias todas e repete sem dó que ele é covarde. Por mais que diga, por mais que tente, Garcin não a convence de sua valentia. Garcin não sairá do inferno porque projetou em Inês sua felicidade.

Inês é lésbica, encanta-se por Stelle e resolve seduzi-la. Stelle, desde sua chegada ao inferno, pede um espelho. Não há espelho. Inês se aproxima de Stelle e se oferece para ser seu espelho. Stelle olha nos olhos de Inês. Inês a trata de cotovia e se diz o espelho das cotovias, usando todas as artimanhas e os truques de sedução que conhece. Entretanto, em determinado momento Stelle lamenta não ser Garcin a cortejá-la. Inês não consegue seduzir Stelle, portanto, não sairá do inferno.

Inês projeta em Stelle sua felicidade. Stelle é aparentemente frágil. Preocupa-se muito com a cor do vestido e da poltrona para ver se combinam. Tenta se fazer de desentendida. Acha que tudo não passa de um engano porque afinal de contas eles não podem estar ali juntos sem que se tivessem conhecido antes. Mas como estão juntos tenta seduzir Garcin. Ele é homem e quem sabe juntos poderão ter instantes de prazer. Garcin se aproxima, mas não consegue beijar Stelle enquanto Inês os observa. Stelle não consegue ficar com Garcin. Stelle não sairá do inferno porque projetou em Garcin sua felicidade.

Garcin precisa de Inês, que precisa de Stelle, que precisa de Garcin. São cavalinhos de pau que, como num carrossel, correm um atrás do outro sem nunca se alcançar. Todo o esforço é inútil. Por isso, conclui Sartre, "o inferno são os outros". O inferno são os outros porque as relações são projetivas, são frustradas. O inferno são os outros porque cada um determina como quer que o outro seja.

Os filhos preferiam que os pais fossem como os que aparecem em algumas novelas ou em alguns filmes ou os de alguns amigos. Os pais sonham que os filhos sejam isso ou aquilo. A mulher sonha com o marido ideal e o marido sonha com a mulher ideal. Quando defrontam com a realidade, frustram-se, e o inferno se instala no lar, as relações familiares atingem patamares de loucura. Não falo de briguinhas normais de fim de semana quando toda a família se reúne. O problema maior e mais complexo se dá quando o pai sonha o futuro do filho, deixa de sonhar o seu futuro e tenta impedir que o filho tenha sonho próprio; quando a mãe resolve que o filho vai ser médico ou advogado, ela já está traçando a história de outra pessoa. Talvez essa mãe sinta a frustração de não ter sido médica e por isso queira que o filho siga a profissão. Talvez o pai, que é dentista, queira que todos os filhos sejam dentistas para clinicar juntos. Pode até ser boa a intenção, mas o espaço de sonhar é individual. Cada um precisa ter o direito de sonhar o próprio sonho.

Ser individual não significa ser individualista. A trajetória de cada um pode ser dialogada, conversada, esclarecida. Nada impede que os pais acompanhem os filhos orientando-os na escolha da futura carreira ou vocação, ou apresentem profissionais aos filhos, para que tirem dúvidas sobre essa ou aquela profissão. Mas o sonho e a sua realização são do filho e da filha, e não do pai e da mãe.

Isso vale no inverso. Chega determinado momento da vida em que os filhos se sentem proprietários dos pais. O pai viúvo não tem direito de namorar porque ninguém vai ocupar o espaço da mãe. A mãe viúva está fadada ao cargo de avó, o que pode ser bastante prazeroso, desde que se trate de uma opção, nunca uma imposição. Quem pode impedir alguém de amar de novo ou de experimentar novas aventuras? Quem pode impedir novo vôo? É ridículo alguém querer voltar a estudar ou a casar depois de ser avô ou avó? Ridículo é podar o sonho do outro em qualquer etapa da vida. E a educação se dá em todas as idades e de múltiplas formas.

Eis a família e sua difícil tarefa. A convivência diária pode ser desgastante. É preciso criatividade. A convivência diária pode ser penosa. É preciso amor.

2. A criança

A nossa vida é o mesmo que uma comédia: o que importa não é ser longa, é se foi representada.
William Shakespeare

A criança, a infância, os primeiros gracejos comemorados pela família ansiosa. É o primeiro neto ou o primeiro filho, ou o caçula, não importa. É menino ou menina – agora não há mais a surpresa, já se sabe antes. De qualquer forma, a preparação, o amparo das pessoas queridas e o carinho são essenciais para o desenvolvimento saudável desse novo ser que veio ao mundo. Pena que isso seja privilégio de alguns. A grande maioria se encontra à margem, são os frutos do relento, da pobreza, da miséria. É o oitavo ou o nono filho de quem não ouviu falar em métodos contraceptivos, de quem nem sabe o que está fazendo. E aí surge um novo ser sem o devido respeito, sem a necessária festa de quem vem para ficar.

A notícia de que um novo ser virá ao mundo enche os pais de prazer e susto, de desejo e medo. De doce e aflita expectativa.

A família é essencial para que a criança ganhe confiança, para que se sinta valorizada, para que se sinta assistida. Que bela a cena de um pequeno rebento tentando dar os primeiros passos, passando do gatinhar para o andar, e a família torcendo, aplaudindo e vibrando. E a preparação para a escola, a mãe coruja esperando do lado de fora, já sentindo que o filho é quase um adulto aos 2 ou 3 anos. Preparando o lanche com o maior carinho. Para cada pai ou mãe, seu filho dentre todos é o melhor. Esse é um problema sério: as salas de aula têm vinte ou trinta alunos e cada um deles é o melhor e tem de ser o melhor porque papai e mamãe decidiram. O que é ser o melhor? O que é ser o pior? Como mensurar a capacidade humana?

Do outro lado, há o grupo imenso que não dispõe desses cuidados todos. São os chamados excluídos. Que triste é essa constatação: um mundo de incluídos e de excluídos. Alguns são criados como em uma redoma de vidro, separados de tudo que possa vir a contaminá-los, e outros, a grande maioria, são lançados à própria sorte.

A mulher, a grande privilegiada, é a terra, a gestadora da vida. A mulher, que sofre com a espera, que vive o crescimento do corpo, tem a consciência de que tudo muda a partir dessa nova etapa.

O homem também participa, é o pai orgulhoso que espera seu herdeiro. Participa ou deveria participar desse momento importantíssimo de sua companheira, em que ela precisa ser ainda mais acariciada, amada, acompanhada. É comum se manifestar a fragilidade da mulher ao perceber as mudanças em seu corpo e a responsabilidade que está por vir. Quanto mais presente for o homem, mais fácil será o encargo. Responsabilidade repartida, participada, é bem mais leve e bem mais agradável.

Volta a dimensão do afeto. Afeto no preparo, afeto na vinda, afeto na criação. Afeto na compreensão dos problemas que afligem os pequenos logo na primeira infância: acabou o lápis amarelo. Ora – pensará o papai –, que bobagem, isso não é problema. É problema, sim, o desenho que não ficou pronto, que não ficou bonito. É problema a dúvida na lição de casa, a ansiedade com os trabalhos escolares. E, por outro lado, como é bom para o filho poder mostrar suas prodigiosas conquistas aos pais. E como é triste para o filho quando ele não encontra a devida atenção. O pai chega cansado e quer ver televisão, quer navegar pela internet, quer ler, e o menino ou a menina querem mostrar o desenho, a lição de casa. São universos distintos, e o lado maduro e experiente deve dar atenção ao lado que ainda está no início do processo de desenvolvimento.

A alfabetização tem de ser acompanhada pela família. Os primeiros escritos, o incentivo à leitura, os brinquedos pedagógicos. É melhor dar à criança um jogo de habilidades do que uma arma de plástico. É melhor um programa educativo do que uma novela, desde que o pai e a mãe assistam juntos. Não adianta trancar a criança com a babá no quarto para ver canal educativo enquanto papai e mamãe assistem à novela. Vai parecer castigo. O que é bom, o que é gostoso ela não pode fazer – só os adultos. Talvez seja melhor deixar que os filhos vejam a novela, pelo menos estão perto dos pais. A presença é fundamental. Nada substitui esse carinho. A mãe que pega na mão do filho e, com o maior carinho, mas com a responsabilidade de quem precisa mostrar os limites, faz com que ele recolha os brinquedos que esparramou pela casa. O "cheirinho", o cobertor se arrastando pelo chão para deitar no meio dos pais. A vontade de ficar de mãos dadas com o papai ou a mamãe...

O conforto não é mais importante do que a presença, o afeto. Aqueles pais que não entendem por que os filhos são rebeldes e reclamam afirmando que lhes deram tudo – viagens, melhores escolas, cursos, roupas de boas marcas, festas –, não lhes deram o essencial: atenção, carinho, amor. Então não deram nada. Quantos casais não mandam seus filhos para paraísos de férias com empregados ou amigos? Que ótimo poder viajar, mas que maravilhoso seria ter a companhia do pai e da mãe. O dinheiro não faz tudo.

PEDIDOS DE UMA CRIANÇA

– Não tenham medo de ser firmes comigo. Prefiro assim. Isso faz com que eu me sinta mais seguro.

– Não me estraguem. Sei que não devo ter tudo que peço. Só estou experimentando vocês.

– Não deixem que eu adquira maus hábitos. Dependo de vocês para saber o que é certo ou errado.

– Não me corrijam com raiva nem o façam na presença de estranhos. Aprendo muito mais se falarem com calma e em particular.

– Não me protejam das conseqüências dos meus erros. Às vezes, eu preciso aprender pelo caminho mais áspero.

– Não levem muito a sério as minhas pequenas dores. Necessito delas para obter a atenção que desejo.

– Não sejam irritantes ao me corrigir; se assim fizerem, eu provavelmente farei o contrário do que pedem.

– Não façam promessas que não poderão cumprir, lembrem-se de que isso me deixará profundamente desapontado.

– Não ponham muito à prova a minha honestidade. Sou facilmente tentado a dizer mentiras.

– Não me mostrem Deus carrancudo e vingativo; isso me afastará Dele.

– Não desconversem quando faço perguntas, senão procurarei na rua as respostas que não tive em casa.

– Não me mostrem pessoas perfeitas e infalíveis. Ficarei muito chocado quando descobrir nelas algum erro.

– Não digam que não conseguem me controlar. Eu julgarei que sou mais forte que vocês.

– Não digam que meus termos são bobos, mas ajudem-me a compreendê-los.

– Não me tratem como pessoa sem personalidade. Lembrem-se de que tenho meu próprio jeito de ser.

– Não me apontem continuamente os defeitos das pessoas que me cercam. Isso criará em mim um espírito intolerante.

– Não se esqueçam de que eu gosto de experimentar as coisas por mim mesmo. Não queiram me ensinar tudo.

– Nunca desistam de ensinar o bem, mesmo que eu pareça não estar aprendendo. No futuro vocês verão em mim um fruto daquilo que plantaram.

Muito obrigado, papai, mamãe, por tudo o que fizeram por mim.

3. O jovem

O futuro pertence àqueles que acreditam na beleza dos seus sonhos.
ELEANOR ROOSEVELT

Quem é o jovem do século XXI? Como a escola prepara para a vida essa geração que aí está? Quando se fala na força da juventude, quando se fala em uma suposta revolução – evidentemente não a armada –, pergunta-se: os moços têm condições de tentar uma revolução, seja ela cultural, seja social? Não, faltam-lhes mitos, modelos. Falta-lhes a sabedoria que deveriam ter recebido dos adultos como herança ou como troca de experiência.

A corrida pelo dinheiro, a atração do poder e do prazer corrompem a vontade firme e a disciplina. Lá se vão os cientistas dedicados, os professores que não apenas se desincumbiam da árdua tarefa de educar e os jovens que lutam por um ideal sempre altruísta.

Fazer como quem? Acabaram-se os modelos. Ademais, os novos valores, divulgados pela mídia, definem situações e não comportamentos. Homens da meia-idade, e atrás deles os jovens, são cada vez mais atraídos pela busca incessante dos bens materiais, são escravos do *ter*.

A crise moral não dá sinal de ser debelada ou de diminuir. Se os jovens participam da paixão pelo bem-estar e vão alegremente na trilha da moda e dos modismos, como diminuir ou debelar a crise moral?

Pode-se admitir que a sociedade tenha contribuído para, irresponsavelmente, fazer da juventude sua vítima.

Que tenha feito dos lares o caos. Que a insensibilidade campeie. Que se corra atrás do dinheiro, onde ele estiver. Que não se ofereça aos jovens nem lazer, nem educação, nem formação, nem seriedade, nem carinho, nem um ouvido atencioso às suas queixas. Que, entre os 12 e os 15 anos, o jovem não seja tratado nem como criança, nem como adolescente, nem como adulto, mas como *coisa*.

E o que lhe resta? A revolta pela incompreensão. A revolta contra a escola que o obrigou a ser o melhor em tudo, que o obrigou a chorar por não ser tão belo ou não falar tão bem, ou não ser tão forte. A escola que não está preparada para conviver com a diferença, como também a família, e o jovem é muitas vezes conceituado como malcriado, rebelde, perdido, inepto, inútil, imoral, preguiçoso, sem iniciativa e empurrado para um trabalho qualquer para "aprender a ser gente", a ter responsabilidade na marra.

Entretanto, nada está perdido quando tratamos com jovens ávidos de vida e de história. O jovem sempre participou dos momentos decisivos da história da humanidade. Os fatos políticos sempre tiveram os jovens na linha de frente, bem como no campo das artes plásticas, na música, na literatura. O melhor exemplo da força criativa da juventude ocorreu nos anos dourados (como assim foram chamados os anos 60). No mundo todo eles demonstraram sua garra em manifestações pacifistas. No Brasil apareceu uma plêiade nunca vista antes, como Edu Lobo, Caetano Veloso, Gilberto Gil, Chico Buarque, cantando ousadia e irreverência, vivendo o papel fundamental para construir o novo.

Se quiséssemos definir o jovem, diríamos que jovem é aquele que usa plenamente todo o potencial de que o ser humano pode dispor. O desafio de viver intensamente cada momento move a juventude. Jovem é o que tem espírito de luta. É o que tem convicção; o que tem fé; o que acredita; o que tenta ser diferente; o que ousa. O que pugna pela liberdade, pela vida, pelos direitos humanos.

Essa a juventude ideal, ainda não maculada pelos mesquinhos interesses, pela deformação social e por outros fatores de degradação humana. Essa a juventude ideal, ainda não manchada por ideologias escravizadoras ou alienantes, por preconceito e por todo tipo de droga.

Todos os dominadores trabalham por meio de juventude, tomando-a como massa de manobra. A mocidade impetuosa canta seus temas, seus slogans, muitas vezes sem entender o sentido de seus clamores. E é fácil para ela começar uma rebelião, pois os jovens de si mesmos são rebelados. Querem depor o governo, acabar com a autoridade paterna em casa, gritar que é proibido proibir. Sonham com o novo, com outros caminhos.

Não esqueçamos a juventude de Hitler, a juventude stalinista, os fascistas, os seguidores do camarada Mao, os moços que, na França, lincham os árabes, nossos trombadinhas, os meninos de rua e os menores infratores, frutos de governo e sociedade viciosos; de uma humanidade que pouco se preocupa com a qualidade de vida de cada cidadão. Tudo é mera estatística. E, como o ser humano é apenas um número, pouco se faz pelo indivíduo.

O período cronológico e a força biológica inerentes ao jovem são importantes. Os costumes que vão mudando à medida que ele cresce, como uma inesperada túnica inconsútil, que vai lhe servir com o tempo. Os colegas que têm a mudança de voz ao mesmo tempo, a primeira namorada e o primeiro baile de formatura ou de debutante. A primeira vez que se pode dirigir o carro e ir para a farra. As primeiras aventuras, quando se é permitido ir para onde quiser, sem depender do pai ou da mãe. O poder.

O jovem não teme mais o que era tido como mito inatingível. É influenciado de todos os lados, os bons e os não tão bons. A chama da rebeldia o invade. Detesta conselho, detesta obedecer ao pai, à mãe, ao professor, ao diretor ou a qualquer outra autoridade que não se dá conta de que ele não é mais criança e muito menos adolescente. Adora desafios, dos esportes radicais a uma disputa criminosa no racha de automóveis ou na de quem conquista o garoto ou a garota. E mais importante do que conquistar é fazer publicidade da conquista, exagerando ao máximo para se afirmar no grupo. Alguns se lançam na violência – são influenciados para bater, para agredir, nas chamadas rixas entre jovens de bairros diferentes ou entre torcidas de times de futebol. E aí lhes falta preparo e consciência sobre as conseqüências. Uma simples discussão pode terminar em morte. O motivo, nem lembram mais, mas foram desafiados pelo grupo rival.

Há os que buscam distrações absurdas, brincadeiras hediondas, agredindo animais ou pessoas desamparadas como mendigos. E, por mais estranho que nos possa parecer, não imaginam as decorrências porque estão sob o comando de alguém ou imbuídos de alguma idéia, querem curtir e têm muita energia e força para isso. É cruel o que fazem por não terem sido preparados para trabalhar toda essa energia a serviço de causas nobres. Quando crianças brincavam de mocinho e bandido, inocentemente, afinal as armas eram de plástico. Cresceram, ganharam poder, querem notoriedade, ao mesmo tempo em que a insegurança faz com que precisem do apoio do grupo, que nem sempre apóia quem faz o bem. Muitas vezes uma turma tenta submeter o novo integrante aos mais cruéis desafios: o desafio de usar droga, de roubar, de ficar com a garota do outro, de cuspir na cara de alguém, de se alcoolizar até cair. Não se pode ter medo de enfrentar quem instiga o mal, mas a insegurança muitas vezes prevalece sobre o discernimento e assim se perdem flores ainda não desabrochadas, pérolas riquíssimas cujo futuro muitas vezes se esvai, seja na criminalidade, seja na cadeia, seja na morte. O que aconteceu para levar um jovem a almejar ser temido? O desconhecimento do sentimento do amor. Tão entusiastas, tão belos, tão insatisfeitos, tão impulsivos, tão sequiosos de vida esses jovens, e ainda assim, ou por isso mesmo, tão fácil levá-los... Que vai acontecer depois? O que se esconde adiante? Quem os fustiga com o chicote?

Freqüentemente se diz que os jovens perderam o respeito, os ideais, a meta. Ora, isso não é de hoje; sempre o jovem recebeu uma pecha de arquétipos negativos. Há 5 mil anos, no alto Nilo, uma pedra recobriu um túmulo egípcio. Nela estava gravada esta frase desconsolada: "A juventude está se desagregando".

Há uma bela inscrição feita em granito, que se encontra em um jardim em Verona, na Itália:

A juventude não se mede pela idade.

Juventude é um estado de espírito que se baseia no querer.

Juventude é a disposição para fantasias, a ponto de transformar em realidade a fantasia.

Juventude é a vitória da disposição contra a acomodação.

Juventude é o gosto pela aventura, superando o amor ao conforto.

Ninguém envelhece simplesmente porque viveu determinado número de anos.

Envelhece aquele que abdica dos ideais.

Assim como o passar dos anos se reflete no organismo, a falta de empolgação se reflete na alma.

Ser jovem pode significar ter 60 ou 70 anos e conservar a admiração pelo belo, pelo fantástico, pelas idéias brilhantes, pela fé nos acontecimentos. Pode significar conservar o desejo insaciável da criança por tudo que é novo, o instinto pelo que é agradável, pelo lado feliz da vida.

Ser jovem é não perder a capacidade de indignação e de luta. A aceitação passiva de todas as mazelas sociais e políticas é característica de quem perdeu a juventude. O jovem acredita no sonho, na utopia, na transformação da realidade. Ele sofre com a injustiça e clama por tempos melhores. O jovem é simples e tem uma fantástica disposição para a vida sem temer o novo; conserva uma mensagem de grandeza e de força que é peculiar ao ser humano. Essa é a marca de mulheres e homens que entregaram sua juventude para grandes causas, a marca dos que não se acovardaram.

Em uma sociedade, de incluídos e excluídos, é cômodo cruzar os braços, banalizar a violência, a miséria, a corrupção. Mas o comodismo não faz parte das trincheiras dos jovens. Os acomodados são os sem vida, aqueles que resolvem o problema da violência matando os violentos, e não os recuperando. Aqueles que já não mais acreditam na melhoria da humanidade.

Perde a juventude aquele que tem a alma dilacerada, que é dominado pelo pessimismo e pelo cinismo. Aquele que se coloca numa posição em que o que quer que aconteça não mudará o rumo das outras coisas.

Perde a juventude aquele que não acredita que sua intervenção pode ser mágica para a conquista de um mundo melhor. Essa motivação se nota nos estudantes de vários cursos quando estão nos bancos escolares e têm um desejo enorme de mudar o mundo. Os futuros médicos querem curar todas as pessoas, os advogados farão justiça, os engenheiros construirão espaços urbanos mais humanizados, os cientistas dedicarão a vida à ciência. E quando se formam? E quando encontram obstáculos? Alguns ainda antes dos 30 anos, perdem a juventude, transformam-se em burocratas, em pessoas amargas, não conseguem se lembrar do entusiasmo que os movia na escolha do curso, da faculdade. Há outros que aceitam os desafios, não se deixam esmorecer e se tornam imprescindíveis.

Dizia o escritor francês Victor Hugo (1802-1885) que Deus abençoa não aquele que acha, mas aquele que procura. E procurar significa ter boas intenções. Procurar o justo, o correto, o melhor, como fazem os bem-intencionados, os de reconhecida capacidade, os que não desistiram, os que não compactuaram, os que foram para a frente portando a bandeira das lutas. E, principalmente, os que não fizeram concessões. Podem ser poucos, mas cada um deles vale por muitos porque são esses que conduzem a humanidade para a vitória final.

Há entretanto aqueles que ficam deitados embaixo de uma parreira esperando que um dia a uva lhes caia na boca, aceitando a velha história do "deixa estar para ver como é que fica". Não fica. Se não houver intervenção, não fica. E que desperdício para a genialidade humana deixar de intervir positivamente, de dar sua parcela de contribuição, com garra, com energia, com luz, com paixão.

Sabe-se que é um pesado encargo o que recai sobre os ombros dos jovens. É sobre eles que repousa o progresso. Não é gratuitamente que os jovens do mundo inteiro se dedicam a movimentos pacifistas. É a sua vocação, o seu destino natural, dado que o objetivo da humanidade deve ser a conquista da paz, da compreensão e do amor. Nos momentos de crise, contamos com a força do jovem cujo olhar é o mesmo do lavrador para o sol recém-nascido, a cada manhã.

É aos moços que se entrega a tocha que iluminará a escuridão reinante. É deles que se espera o entusiasmo, que já arrefece no homem que viveu muito. É neles que se deposita a esperança. A tão sonhada esperança de um mundo mais justo, mais equilibrado, mais feliz. E para isso é preciso acreditar.

Um poeta certa vez, não com estas palavras, mas com outras muito mais belas e muito mais doces, nos ensinou que:

Se não tens o que amas, ama o que tens!

Se não puderes ser o ipê frondoso, ninho de pássaros, abrigo e sombra, que aparece (flor e ramagem) todo enfeitado de laços dourados, nas faldas da montanha, nas margens das estradas, nos bosques e nas florestas, então...

Sê o arbusto! Debruça-te nas águas do múrmuro regato e sussurra segredos à brisa que passa.

Sê a relva que o som dos passos amortece, tão macia!

Sê o taquari mimoso, farfalhando ao perpassar da brisa!

Cada um, na sua modéstia ou no seu galardão, cumpre um destino.

Não podes ser estrela? Resigna-te a ser pirilampo. Tudo é beleza para quem olha com olhos puros, encantados.

Se não chegas à perfeição das estátuas de bronze, acredita-me! Um par de sapatos pode ter o encanto de uma escultura.

Se a tua obra não é a pérola de brilho puríssimo, pensa que a ostra faz um bem enorme, mesmo quando serve apenas de alimento.

Se fores lagarta hoje, trabalha e espera. Amanhã estarás entre a chusma colorida das inquietas borboletas.

Se tens voz, canta. Se não cantas, assovia. Se não assovias, suspira. Tudo é expressão das emoções da vida.

Mas, em cada avatar, meu jovem, que sejas o melhor entre os melhores, o melhor entre todos os teus pares, que em tudo há dignidade e honra, se exerceres o teu ofício com honra e dignidade.

Garra, paixão, entusiasmo. Eis as marcas da juventude. Fazer bem-feito e sem medo. Colocar toda a força a serviço de grandes ou pequenas causas. Construir um mundo mais solidário, mais humano, mais fraterno.

A garra que se espera do atleta ou do sambista, ou do músico, espera-se também do estudante, daquele que lê, que escreve, que produz. A beleza está em viver intensamente cada momento como se fosse único.

Dizia a escritora norte-americana Helen Keller, deficiente física e auditiva desde os 19 meses de idade:

Sendo cega, permito-me dar um conselho àqueles que podem ver. Procurem olhar para todas as coisas, como se fossem ficar cegos amanhã. O mesmo para os cinco sentidos. Ouçam a melodia das vozes, o canto dos pássaros, os sons poderosos de uma orquestra, como se fossem ficar surdos. Apalpem os objetos, como se o sentido do tato lhes fosse faltar. Respirem o perfume das flores e apreciem o sabor dos alimentos, como se amanhã fossem perder para sempre o paladar e o olfato.

4. O idoso

A mocidade não está na certidão de batismo; está no sentimento que é tudo; há moços decrépitos, e homens maduros eternamente jovens.
Machado de Assis

A palavra velho parece pejorativa. Gente cansada, gente que viveu demais e está à espera da morte, gente que tem a face embrutecida pelo sofrimento.

Quando se fala em coisa velha é ainda pior. Velho é aquilo que precisa ser jogado fora, que não serve mais para nada. Um fogão velho, um carro velho, uma geladeira velha. Um computador velho, que não tem mais a configuração necessária, está desatualizado.

Em uma economia capitalista, em que os bens são descartáveis, não custa muito tachar de velho aquilo que acabou de ser comprado. O computador precisa ser trocado porque a velocidade tecnológica faz com que o mais moderno substitua com rapidez o velho, aquele que já tem dois ou três anos.

Parece que o novo tem valor, o velho não. Quando se compra um carro, todo cuidado é pouco, para que não seja arranhado, para que não se estacione em local perigoso, que seja sempre lavado, que sua beleza possa ser realçada. Alguns anos depois, o cuidado diminui, o carro fica à mercê do tempo, sujo, parado em qualquer lugar e não se importa mais com ele: está velho, logo deverá ser trocado. A festa sempre é feita ao novo.

Numa cultura cujo padrão de beleza é o jovem, o corpo esplendoroso, a pele rija, os seios perfeitos ainda que artificiais, o velho não cabe.

Em uma sociedade cujo mito repousa na força física, na rapidez da execução de tarefas – quanto mais jovem, melhor, menos exigente, menos cansado –, o ritmo de trabalho do idoso não serve. Ninguém tem paciência de esperar.

Até no amor parece assim. Se se vêem dois jovens abraçados, se beijando, a formosura dos corpos que se encontram, a delicadeza dos movimentos, o brilho dos cabelos, a tez encantadora, tudo concorre para a exaltação da beleza da juventude. E o idoso tem direito ao amor?

Tem direito ao prazer? Tem direito ao trabalho? Tem direito à educação?

A vida é como um rio, diria o filósofo pré-socrático Heráclito de Éfeso. Um rio que não pára, que está em movimento constante. E por isso mesmo não se pode banhar duas vezes nas mesmas águas de um mesmo rio, porque um minuto não é igual a outro minuto. Tudo passa, tudo corre, tudo muda, tudo se transforma. E não há controle algum sobre o tempo.Se o rio pudesse escolher as margens pelas quais passa, se pudesse parar para contemplar as margens mais bonitas, mais floridas, se pudesse admirar os campos enfeitados pelos rebanhos... mas não pode. Tem um curso inexorável a seguir.

A dificuldade do amadurecimento é a espera. O imaturo quer tudo na hora, quer que os problemas sejam solucionados naquele instante. O adolescente apaixonado (nem só o adolescente, sejamos justos) fica em desespero se perde a pessoa amada. Parece que o mundo acabou, que nunca mais se poderá encontrar pessoa tão perfeita, tão encantadora. A dor é enorme e não passa. O tempo se transforma num inimigo atroz, e o ódio é dirigido a tudo e a todos. Os telefonemas se sucedem. A espera pelos telefonemas é ainda mais angustiante. Algum tempo depois o mesmo grau de sofrimento já é por outra pessoa que mais uma vez será a perfeita, a única e assim sucessivamente. É difícil o processo de amadurecimento. Para quem o vive é inaceitável ouvir que essas dores são cicatrizadas pelo tempo e que, quando se chora por amor, talvez não se chore pela pessoa perdida, mas pelo vazio interior que havia e era ocupado por essa pessoa. Chora-se pela infância, por todos os medos, pelas perdas. Chora-se pela solidão, pelo medo do amanhã, pela baixa auto-estima. A milenar arte de contemplar as árvores grandes, antigas, foi esquecida: quantos ela viu chorar, amar, partir, e ela está ali, intacta, na sua majestosa lição de serenidade.

Em *Rei Lear*, uma das peças de William Shakespeare, o dramaturgo inglês, com maestria única, descreve a desgraça de um pai que, por vaidade, resolve, ao dividir seu reino, castigar a filha que mais amava. No momento em que ele reúne as três, pede que seja elogiado, que seja valorizado, que seja incensado. As duas mais velhas, que não nutriam amor nem admiração pelo pai, fazem exatamente tudo o que ordena. Dizem o que ele gostaria de ouvir, em sua vaidade de rei fraco, e recebem, cada uma, a sua parcela na divisão do reino. A filha menor, que tanto o amava, não entende por que tamanha vaidade, não entende por que precisa dizer-lhe honrarias na frente de toda a corte, apenas para herdar melhor quinhão, e acaba por deixar frustrado o pai, que, contra o que seria razoável, decide deixá-la sem nada.

A filha mais nova acaba se casando com um rei de outra região, sem ter recebido nada do pai, nem dinheiro, nem terra, nem a sua bênção. O pai, por sua vez, proclama que nunca mais deseja vê-la e a partir daquele momento só consideraria como filhas as outras duas, repartindo seu tempo ora no reino de uma, ora no de outra. As filhas já não queriam tolerar a presença cansativa do velho rei sem coroa e sem posses, agora que ele nada mais podia contra elas. Muito magoado, decepcionado, Lear, o grande rei, tem por destino o relento, o desabrigo. Num momento de belo diálogo, o bobo da corte se volta ao ex-rei e lamenta: "Pena que ele ficou velho antes de ficar sábio". Mas justamente sua filha mais nova, que fora enxotada, volta para tentar salvar o velho pai e acaba sendo morta nos braços dele, que aprendeu da pior forma que a vaidade é uma prova da falta de sabedoria. Envelheceu sem sabedoria.

A sabedoria é uma conquista. E o velho, na beleza que se quer emprestar ao termo, é sábio. Viveu muito e muito ainda tem para viver. Observou. Aprendeu. Ensinou. O sábio conhece as limitações e nem por isso deixa de sonhar. O velho não perde a juventude, pelo menos na forma que estamos tratando as palavras jovem e velho, mas acrescenta sabedoria ao espírito questionador e ao desejo juvenil de mudar o mundo. É ainda entusiasmado e além disso experiente. Tem estofo, tem história. Não apresenta as formas físicas perfeitas do jovem, mas possui as formas perfeitas condizentes com sua idade e com o tempo de vida que tem na Terra. Tem o espírito que faz com que seu discurso seja ainda mais sedutor, pois conhece mais da natureza humana.

A dignidade do idoso é um aprendizado. Quantos há que chegam aos 80 ou 90 anos com projetos e ainda têm sonhos e não deixam de viver intensamente? Ao contrário daqueles que trabalham pela aposentadoria, sonhando com o dia em que não serão mais úteis, o velho sábio não se aposenta nunca. Tem direito a descansar mais, tem dever de ensinar mais e, também, de continuar a aprender sempre.

O escritor e estadista inglês Thomas Morus (1478-1535) em *A utopia*, obra política do Renascimento, descreve uma sociedade ideal numa ilha em que todas as coisas seriam detalhadamente pensadas e corretas. Em um dos conselhos do pensador, os banquetes deveriam ter lugares intercalados entre velhos e jovens para que a experiência e a vivacidade pudessem conviver. Não se trata obviamente de um mandamento, mas de uma metáfora política, um sonho de convivência em que as gerações se respeitam, aprendem e ensinam reciprocamente. Como é importante a um jovem que inicia a carreira ouvir de uma pessoa mais velha que aprendeu com ele alguma coisa. Como é importante para a percepção do inseguro iniciante que a voz da experiência está ao seu lado. De forma tênue, sem arrogância, sábia, ensinando e aprendendo. Valorizando e sendo valorizado. E, por outro lado, como faz bem ao idoso o reconhecimento, a valorização, a troca de experiências. Em qualquer que seja o momento da vida, todas as pessoas gostam de ser valorizadas, respeitadas.

O jovem que tem a pretensão de estar caminhando sozinho e construindo sozinho, achando que já tem poder, que já sabe tudo, está equivocado; como equivocado está aquele que nada faz esperando que outros decidam o caminho que deve trilhar. O sábio meio-termo. Nem na subserviência, nem no autoritarismo. Nem na acomodação e na espera constante, nem na ansiedade exacerbada. O meio-termo.

No poema de Paulo Mendes Campos, uma lição de serenidade diante da vida e do tempo decorrido:

TEMPO-ETERNIDADE

O instante é tudo para mim que ausente
Do segredo que os dias encadeia

Me abismo na canção que pastoreia
As íntimas nuvens do presente.
Pobre do tempo, fico transparente
A luz desta canção que me rodeia
Como se a carne se fizesse alheia
À nossa opacidade descontente.
Nos meus olhos o tempo é uma cegueira
E a minha eternidade uma bandeira
Aberta em céu azul de solidões.
Sem margens, sem destino, sem história,
O tempo que se esvai é minha glória
E o susto de minh´alma sem razões.

A beleza da vida humana, a consciência de que nossa vida é limitada e que precisa ser bem vivida a cada etapa, a cada momento, de cada história... Quanto tempo jogamos fora por bobagens, quantas brigas tolas, discussões desnecessárias. Quanta intriga familiar em que ninguém quer dar o braço a torcer e cada um fica aguardando a iniciativa do outro para voltar às boas pazes. E é tão simples reconhecer o erro e movimentar-se em direção ao outro para evitar maiores conflitos. Isso só depende de sabedoria no reconhecimento de que o outro é diferente e tem limitações, tem medos, tem um tempo para a aprendizagem. Por isso a convivência humana parece complicada, mas nem assim deixa de ser bela. O velho sábio é um porto seguro para onde toda a família se dirige a fim de beber do ensinamento de quem vive com dignidade e faz uma história nobre.

Na escola também se ensina o respeito ao idoso de forma espontânea, tanto por meio de textos que tratam a temática e possibilitam debates, de leitura de peças que retratam problemas familiares e conflitos de gerações, de forma lúdica através de jogos, para que se saiba como trabalhar as diferenças. Em vez das cansativas reuniões de pais e mestres, deve-se criar, por exemplo, a festa do avô, o dia da família, um concurso literário sobre a velhice. Desde a tenra idade, o indivíduo precisa ser preparado para conviver, e o convívio está sedimentado no respeito ao outro, principalmente na nossa cultura, em que as pessoas de 40 anos já estão sendo descartadas do mercado de trabalho.

Os velhos que se lamentam foram os jovens levianos de ontem. O rio continua seu curso, e nada nos faz voltar. Quantos lamentos de quem não levou a sério os estudos, de quem não leu o suficiente, de quem não teve uma convivência harmônica com os pais... E agora? Os pais já não estão mais, já se foram e nada resta a ser feito, somente a recordação de um passado que poderia ter sido diferente.

Por isso, textos que versam sobre histórias de vidas e vivências ajudam os moços. Não conselhos ameaçadores de quem fica avisando que seu pai vai morrer, e você vai sentir saudade, que se sua mãe morrer você vai ter remorsos. Os clássicos, as histórias de ficção, poemas cantados, lidos silenciosamente ou declamados trazem exemplos belos desses ensinamentos e precisam ser explorados para formar melhor o caráter das gerações que nos sucederão.

Na convivência plural, pessoas diferentes, idades diferentes, experiências diferentes, todos serão beneficiados. Como se estivéssemos em uma cidade do interior onde um velho contador de histórias senta ao lado de uma criança. A criança ouve com entusiasmo, e o velho fica muito sério na sua nobilíssima missão de encantar o pequeno. Imaginemos então que aquela criança é a mesma que está dentro de cada um de nós, por ela nos damos conta da beleza invisível de atos e situações aparentemente insignificantes.

Capítulo II

O mundo

GENTE HUMILDE

Tem certos dias em que eu penso em minha gente
E sinto assim todo o meio peito apertar
Porque parece que acontece de repente
Como um desejo de eu viver sem me notar
Igual a como quando eu passo num subúrbio
Eu muito bem vindo de trem de algum lugar
E aí me dá uma inveja dessa gente
Que vai em frente sem nem ter com quem contar.

São casas simples com cadeiras na calçada
E na fachada escrito em cima que é um lar
Pela varanda flores tristes e baldias
Como alegria que não tem onde encostar
E aí me dá uma tristeza no meu peito
Feito um despeito de eu não ter como lutar
E eu que não creio peço a Deus por minha gente
É gente humilde que vontade de chorar.

("Gente humilde", Chico Buarque de Holanda &
Vinicius de Moraes)

1. Educação e trabalho

A única obra demorada é aquela que não nos atrevemos a começar. Ela se converte num pesadelo.
CHARLES BAUDELAIRE (1821-1867)

Há muito tempo se discute a dicotomia entre a educação e o trabalho. Propala-se que os formandos das universidades precisam freqüentar outras escolas para aprender sobre o mercado de trabalho. Assim é no direito, com os cursos preparatórios, na medicina, com a residência, na administração, com a realidade do dia-a-dia de uma empresa, absolutamente diferente daquela que se aprende na escola, nas ciências da computação, em que a prática parece valer muito mais do que a teoria.

Alguns mestres se colocam em patamares de conhecimento absoluto, de um saber divino, e com isso deixam de lado a atualização, o olhar crítico sobre o mundo, e ficam anos e anos com os mesmos fichários e métodos. Há outros que mal começaram a vida acadêmica e já possuem esses ranços. O ranço e o comodismo independem de idade para atacar. Manifestam-se em qualquer tempo, como uma atitude diante da vida.

O trabalho e a dignidade andam de braços dados, inseparáveis. É possível recuperar uma criatura que já foi dada por perdida se se conseguir persuadi-la do valor do trabalho, se ela se sentir valorizada, respeitada por aquilo que produz. Isso se verifica inclusive e principalmente com os encarcerados, com os chamados marginais da sociedade, com os criminosos. O trabalho é capaz de operar milagres, de preencher o vazio deixado pela carência e pela não aceitação social. O jovem drogado que estava à mercê da sorte passa a ser valorizado por sua produção, começa a delimitar seu espaço, a construir ou reconstruir sua liberdade. É o milagre da recuperação pelo aprendizado e pela prática desse aprendizado.

O trabalho é dignificante, mas não pode ser escravizador. É preciso ter sempre a precaução contra os males advindos da fadiga. O trabalho precisa ser dosado, alternado com o lazer, com atividades físicas, culturais, sociais. Não se diria que o trabalho deve ser alternado com o prazer porque o trabalho em si deve ser prazeroso.

O homem certamente nasceu para o trabalho, que lhe é indispensável como o meio de subsistência e como meta para concretizar seus planos. Todos conhecemos aquelas pessoas que suspiram pela aposentadoria e, quando a obtêm, não sabem o que fazer de seu tempo. Adoecem de aborrecimento, pela mudança total de ritmo, e até perdem o interesse pela vida. Não precisamos ir tão longe: as férias já constituem a maior atrapalhação para aqueles que têm uma única atividade e guardam, por assim dizer, apenas uma seta no carcás. E ficam tão perdidos, os pobres!

O escritor francês Alphonse Daudet (1840-1897) conta-nos que se desincumbia entusiasticamente no ofício de bater tambor-mor, no regimento. E todos se alegravam porque, com o ritmo seguro e forte que ele impunha, os soldados davam passadas firmes. Foi-lhe concedida uma licença, e ele não fez outra coisa senão perambular pela aldeia. Ocioso, não sabia se divertir, não tinha amigos, nem a floresta próxima o atraía para caminhadas. Nunca conhecera o lazer, não tinha o hábito de ler e se entreter com as histórias. Por fim, voltou para casa e passou o resto das férias inteiras batendo tambor.

Alguns profissionais do trabalho manual, cuja rotina, pode-se dizer, tornou-se vício cotidiano, aos domingos consertam objetos quebrados, fazem reparos na casa, dão polimento no automóvel, não conseguem relaxar com outra atividade que não seja mecânica.

O belo filme *Tempos modernos*, de Charles Chaplin, traz essa discussão. A atividade continuada, o reducionismo, a transformação do homem em máquina – exige-se apenas a disciplina desumana e a precisão do movimento, não a criatividade, e as pessoas submetidas a esse tipo de rotina perdem com o tempo a capacidade de reflexão. É o desperdício de possibilidades criativas e criadoras que limita o ser humano a tirar e colocar determinada peça em uma máquina, o dia inteiro, todos os dias, a vida toda. E, se ocorrer a demissão, não resta alternativa senão procurar trabalho em outra empresa que tenha as mesmas máquinas e a mesma rotina, caso contrário o operário não saberá fazer outra coisa.

Isso não acontece apenas com o trabalho em indústrias antigas, não informatizadas; ocorre em outras profissões mais qualificadas e em outros ambientes. Em uma instituição de ensino, por exemplo, em que o coordenador se habitua a executar exatamente o que determina o diretor da escola, sem a possibilidade de fazer um mestrado ou cursos de extensão universitária. A rotina massacrante exige dedicação exclusiva do coordenador, escravizado-o a ponto de precisar dispor de seus finais de semana. Esse funcionário, se desligado da escola, estará fadado a ter sérios problemas para se recolocar porque ficou fora do mercado, pouco aprendeu de novo, pegou todos os vícios daquela organização, não se atualizou, seu trabalho deixou de ser um processo de aprendizagem e de prazer e se reduziu apenas ao ganha-pão diário. A criatividade deixa de ser exigida e o mesmo empresário que não lhe permitiu progredir intelectualmente o demite por vê-lo como algo descartável.

Há outros que não gostam do que fazem. Trabalham lamentando-se, mas não conseguem viver sem o que fazem. Não têm criatividade para momentos de lazer nem de prazer. Odeiam o que fazem e não vivem sem fazer o que odeiam.

Certo carteiro foi entregar a correspondência e o destinatário puxou conversa.

– O senhor não cansa de ficar o dia todo andando pra lá e pra cá, neste sol quente?

– Claro. Eu me canso, como qualquer um, porque não sou de ferro, embora a administração do correio pense assim. E ainda por cima tenho uns calos que me martirizam. Aliás, eu não gosto nem um pouco de ser carteiro. É a pior profissão que existe. Não se acha o endereço, tem cachorro que avança, tem caco de vidro em muro. Eu trabalho esperando as férias...

– Então nas férias o senhor tira a forra, não? Fica deitado o dia inteiro na rede.

– Nem por isso! – retrucou o carteiro desconsolado. – Eu não tenho o costume de dormir durante o dia e não gosto de ficar parado em casa sem fazer nada.

– Então como o senhor aproveita as férias, já que passa todo o ano esperando esse momento?

– Olha, para falar a verdade, como eu não tenho o que fazer, acompanho o meu substituto.

Nada se espera. Nem pela aposentadoria. O que faria um homem desses ao se aposentar? Se tiver netos, tanto melhor. Se souber pescar, quem sabe... Entretanto, se mesmo nas férias não encontra nada para fazer, pois ainda é bem jovem, imaginem depois.

Há também aquele vereador de uma cidade do interior que perdeu as eleições depois de vários mandatos. Nos dias de sessão na câmara, coloca seu antigo terno e lá vai ele sentar-se na platéia como se ainda estivesse na ativa. Todas as manhãs banha-se, barbeia-se e corre para não chegar atrasado ao "compromisso". Aliás, qualquer mandato público é restrito a determinado período; cargo de vereador, deputado, governador não é ou não deveria ser profissão. O trabalho não deu ao ex-vereador dignidade, e ele não soube ou não quis mudar, continuar a ter projetos, a ter sonhos.

Perde-se a oportunidade de ter prazer, de produzir com convicção, de acordar, como fazem os amantes da vida, com disposição para recomeçar. Os desafios estão postos para que o ser humano nunca se canse do que faz. É triste a educação que não prepara para o sonho!

Atualmente a educação para o trabalho tem de levar em conta a incerteza e a instabilidade. A velocidade com que avança a tecnologia muda tudo muito rápido e obriga os trabalhadores a se preparar para mudar de função, de emprego e até de ramo. O especialista dá lugar ao generalista, ou ao chamado holístico – aquele que tem habilidades de especialista e nem por isso deixa de ter a visão do todo. Trata-se de outro especialista, porém com um conceito ampliado. Um especialista que precisa estar preparado para continuar a estudar outras coisas além daquilo que já julga saber. É a difícil tarefa da não acomodação. Antes dizia-se que todo o esforço seria recompensado posteriormente. Era só estudar bastante, ter disciplina e responsabilidade, sofrer na hora dos exames e depois apenas desfrutar do esforço em um bom emprego, exercendo uma bela profissão, com a tranqüilidade de poder trabalhar a vida toda naquilo de que gosta e na vocação segundo a qual se preparou. Isso não existe. Ninguém prepara primeiro para atuar depois. Prepara-se a vida toda e atua-se durante a vida toda também.

Hoje, mais do que nunca, não se pode parar de estudar, de se aprimorar, é a chamada educação continuada.

Os projetos desenvolvidos no âmbito escolar já são uma forma de atuação e permitem que o estudante se sinta um trabalhador, tendo de dar conta de tarefas, de solução de problemas, de um produto final.

Antigamente era comum o trabalhador ingressar em uma empresa, em uma organização, e lá ficar toda a vida até a aposentadoria. Hoje isso é exceção, e a tragédia do desemprego assola principalmente aqueles que não têm versatilidade, que se acomodaram e acabaram se tornando prescindíveis à empresa. E então vem a dificuldade de mudar de padrão de vida, o desânimo, a pouca auto-estima, por vezes a bebida e os conflitos familiares. O vínculo empregatício e seus benefícios quase fazem parte do passado, de uma era mais tranqüila. E o desafio da escola é preparar a juventude para essa nova realidade: suprir o aluno do equilíbrio necessário para não temer novos rumos e situações, caminhos desconhecidos que precisarão ser trilhados com determinação em qualquer idade. Disso faz parte a educação continuada, que desperta o olhar crítico sobre o que acontece no mundo e a capacidade de desenvolver múltiplas e diferentes habilidades nesta época de mutação rápida e constante.

Estar preso a uma única organização todas as horas do dia e não conseguir diversificar nem a atividade nem o aprendizado é um risco. Há empresas que ainda exigem essa fidelidade absoluta e dedicação exclusiva de seus profissionais. Mas esse tipo de empresa tende a ser substituído rapidamente.

Isso não significa que a educação deva estar exclusivamente destinada a formar mão-de-obra para o trabalho.

A educação não pode ser mero instrumento do conhecimento para fins de competitividade. A educação não pode ser reducionista em nenhum aspecto; deve ser ampla, na direção da formação de seres humanos completos, críticos e participativos, na direção da construção da cidadania.

Quando os pais escolhem para o filho uma escola que apenas o prepare para o vestibular, desconhecem que há coisas mais importantes, como a formação da pessoa, do equilíbrio, do preparo para o mercado de trabalho, sim, mas antes e principalmente para a vida em todos os seus aspectos. De nada adianta ser o aluno mais bem colocado na melhor faculdade se não lhe foi incutida a maturidade para enfrentar os problemas concretos. Se não houver o desenvolvimento da habilidade social e emocional, tudo de mais importante para o jovem se reduzirá a uma busca estéril por boas colocações por meio da mais insana competitividade. Essa não terá sido uma grande conquista.

A escola que tem por objetivo ser uma fábrica de mentes para o vestibular não terá preparado ninguém para a vida. Toda a pressão que muitas vezes a família e a escola exercem sobre o vestibulando pode redundar em fracasso. A imprensa também não deixa de noticiar sempre onde estudaram os alunos que passam em primeiro lugar em determinado curso, colaborando involuntariamente com essa pressão nociva. E freqüentemente o jovem que se submeteu, dócil, às expectativas de pais e mestres bem-intencionados, mas que não levaram em conta as expectativas dele, termina por abandonar a faculdade, por mudar de curso ou torna-se insatisfeito para o resto da vida. Tanto se cobrou dele e tão pouco foi dedicado à sua formação.

Ensinar a ser criativo, a ser versátil, a ter consciência crítica em relação à família ou à comunidade é uma arte que deve começar a ser aplicada em grande escala. A interdisciplinaridade é o grande ponto de partida; por essa ótica a escola estabelece vínculos e relações que não seriam percebidos pelo aluno sozinho. O mercado de trabalho, que suga e descarta seres humanos, obedece à mesma lógica dos interesses que sugam e destroem a natureza e o meio ambiente. A cegueira provocada pela busca de uma posição não torna as pessoas mais aptas. Está longe essa possibilidade.

Hoje as fronteiras deixaram de existir; se por um lado isso tornou possível a prática de um capitalismo predatório, por outro derrubou os velhos preconceitos de raça, cor, credo e gênero. Não interessa a ninguém a origem étnica de quem está do outro lado do mundo recebendo uma mensagem pela internet; interessam, sim, seus valores, a riqueza de sua cultura. A essência prepondera sobre a aparência. Talvez o cenário do futuro próximo seja o da valorização do ser e não do ter.

Parece utopia. Mas o que seria de nós sem ela? A utopia que nos obriga a buscar no horizonte novas possibilidades e metas. O contrário é acomodação. E talvez uma grande utopia em educação seja a conquista da cidadania.

A capacidade de aprender a aprender, a busca de uma visão ampla do mundo, o saber pensar são desafios reais para a escola do século XXI. A escola do presente deve formar seres humanos com capacidade de entender e intervir no mundo em que vivem. Não meros espectadores, sujeitos sem ânimo e sem conhecimento crítico para enfrentar a revolução de valores, de técnicas e de meios que se deflagrou.

Educação para o trabalho – essencial, mas não exclusiva. Essencial, mas não única. Seu objetivo é bem mais amplo e rico. O trabalho confere dignidade às pessoas desde que sejam educadas para ele, ou que possam exercer conscientes a profissão que escolheram; desde que tenham mecanismos para escolher a carreira, ou que não sejam forçadas a fazer opções desastradas, obrigadas ou conduzidas pelos sistemas ou por pais frustrados que almejam a própria realização por meio da profissão dos filhos.

O aprendizado é libertador, como o trabalho deve ser libertador. O trabalho que garante a alegria a quem chega em casa, cansado, com alguns problemas, mas com a certeza de estar contribuindo para um mundo melhor. O prazer de ser reconhecido, o prazer de relacionar-se com os colegas. O prazer de estar construindo uma história de vida feliz.

2. Um olhar paciente sobre a educação

Aprende, homem, no refúgio!
Aprende, homem, na prisão!
Mulher na cozinha, aprende!
Aprende, sexagenário!
Tens de assumir o comando!
Procura a escola, tu que não tens casa!
Cobre-te de saber, tu que tens frio!
Tu que tens fome, agarra o livro, é uma arma!
Tens de assumir o comando!
BERTOLT BRECHT (1898-1956)

O êxodo rural, o crescimento desordenado das cidades, a chamada vida urbana trazem à discussão um novo conjunto de problemas. É próprio do olhar político voltar-se para a maioria. E a maioria eleitora se encontra nas grandes cidades. Os problemas de trânsito, de moradia, de violência, de falta de vagas nas escolas são mais acirrados nas grandes aglomerações urbanas, mas não são exclusivos.Quem mora nas zonas rurais, se por um lado não convive com a violência urbana e o medo, nem com o trânsito desesperador, por outro, enfrenta outras dificuldades.

Ainda há no Brasil muitas áreas sem postos de saúde, sem infra-estrutura de saneamento básico, sem meios de transporte, sem os cuidados que poderiam ser oferecidos ao homem do campo para que no campo permanecesse. O êxodo rural se deve à ausência de recursos no campo. Desde a falta de soro contra picada de cobra até de métodos adequados de plantio e colheita. E todo tipo de carência representa obstáculo ao desenvolvimento das zonas rurais. Os fatores geográficos terminam por acentuar os problemas: montanhas, rios caudalosos, sertão inclemente não podem ser transpostos facilmente e, muitas vezes, separam as comunidades rurais umas das outras e da escola. Dificuldade que o governo, com todos os instrumentos de que dispõe, não conseguiu ainda solucionar devidamente.

A distância cria o isolamento. O isolamento e as dificuldades materiais tornam deficiente o ensino em grande número de comunidades. E as dificuldades atingem a formação do professor. Ainda que houvesse videocassete, laboratórios ou computadores nas escolas rurais, o professor não estaria preparado para utilizá-los em sala de aula.

A imprensa noticia histórias de mestres despreparados, valoriza até a força de vontade de um ou outro semi-analfabeto que se dispõe a alfabetizar. Freqüentemente as histórias se parecem: com esforço o pobre mestre estudou uns parcos anos e agora transmite o pouco que sabe aos que nada sabem. A boa vontade, a disposição de enfrentar dificuldades para aprender, tendo por perspectiva uma remuneração muito aquém da ideal, tornam esse professor um herói. Mas isso é quase nada em um país como o Brasil, onde as mazelas políticas continuam a ser toleradas. Não se pode admitir que o ensino seja administrado por pessoas despreparadas e mal pagas. O despreparo e as carências do professor, por maior ue seja sua boa vontade, comprometem indiscutivelmente o processo educacional na medida em que muitos desconhecem suas prerrogativas de cidadãos, perpetuando o atraso social.

Numa sociedade em transformação como a nossa, diminui cada vez mais a força da educação espontânea e cresce a da educação intencional, no âmbito urbano ou rural. Os pais, obrigados pela conjuntura, acabam por deixar para a escola a adaptação social do filho.

Até noções básicas de higiene e sexualidade ficam, por exemplo, relegadas à escola. No meio rural, a necessidade premente da sobrevivência diária faz com que muitos pais demonstrem resistência em matricular os filhos, pois precisam deles na roça, ou na oficina, ou em outros espaços de trabalho onde ajudem no sustento da família. A escola, para esses, é um capricho desnecessário, pois se eles não estudaram, por que o filho tem de estudar? A falta de formação e informação faz proliferar a ignorância, embora a educação seja direito de todos.

Falta incentivo dos pais para que os filhos freqüentem a escola e falta incentivo da escola para que os alunos nela permaneçam. Como a escola não dispõe de um ambiente social adequado, nem do entusiasmo necessário, e a criança não traz de casa o que não encontrará na escola, cria-se um ciclo vicioso. Em comunidades distantes dos grandes centros, as igrejas têm uma grande força. Nelas, o líder religioso poderia auxiliar o governo na tarefa de incentivar o encaminhamento dos filhos à escola e a permanência deles ali o maior tempo possível.

Há programas oficiais que premiam as famílias desde que suas crianças freqüentem a escola. Podem até funcionar como incentivo, como meio de fazer com que as crianças ali permaneçam e estudem. Mas seria melhor que esses meios não precisassem ser utilizados, que o alimento viesse do salário do trabalhador pai de família e os filhos fossem para a escola pela consciência da importância que isso tem em sua formação e pelo prazer de estudar, pelas atividades esportivas e culturais, pelas aulas participativas, pela convivência, pelas habilidades desenvolvidas. Esse seria o incentivo definitivo e eficaz.

Já se disse que não há um, mas, pelo menos, dois Brasis, o que lamentavelmente é verdadeiro. Se por um lado a educação para a maioria padece de atenção, de investimentos, por outro, há centros de referência que serviriam de modelo para qualquer país de Primeiro Mundo. São ilhas de excelência que se constituem como escolas de altíssimo padrão, na maioria das vezes particulares e com um custo muito alto. Essas instituições conseguem remunerar e preparar muito bem os professores. Proporcionam aos seus profissionais uma formação continuada de qualidade, investem em tecnologia e em serviços que facultam momentos de convivência profunda entre os alunos. E a proposta pedagógica séria leva inevitavelmente a excelentes resultados.

Há escolas públicas que, com a participação ativa de sociedades politicamente organizadas, conseguem driblar carências e formam seres humanos críticos e conscientes da possibilidade de intervenção social. Se não dispõem dos mesmos recursos das escolas particulares, têm um profundo compromisso com a comunidade, porque contam com pessoas engajadas na formação integral dos alunos. Isso é o bastante e, às vezes, até mais importante do que todo o acessório tecnológico oferecido por aquelas instituições.

Existe ainda uma questão crônica que é a diferença entre alfabetizar e educar. Para alguns, basta saber ler, a educação virá depois, por si. Para outros, apenas ler não liberta, não prepara para a vida.

Com poucos recursos e sem metodologias diferenciadas, algumas escolas desmotivam seus alunos. Como nada podem oferecer além dos instrumentos básicos a que estão obrigadas, decorre daí o grave problema da evasão escolar. Ficar na escola para quê?

O filósofo inglês Herbert Spencer (1820-1903) dizia:

> *Lembrai-vos que a finalidade da educação é formar seres aptos para governar a si mesmos e não para ser governados pelos outros.*

A questão da aprendizagem supera a questão do ensino. O processo de aprendizagem, que é do professor e do aluno, tem de ser permanente. Ele faz com que a educação não se reduza a meros conteúdos decididos, de forma autoritária, por pessoas distanciadas das peculiaridades regionais e culturais. O enorme desafio do aprender a aprender é o desafio de formar seres aptos a governar a si mesmos, a desenvolver a liderança participativa, a aprender a dizer sim e a dizer não. De que serve uma multidão de seres repetidores de idéias alheias sem capacidade de pensar por si mesmos? O grave problema da formação inadequada é a ausência de objetivos definidos, sem a perspectiva de finalidade.

Para o pensador e economista inglês Stuart Mill (1806-1873), a educação compreende tudo o que nós fazemos e tudo o que os outros nos fazem para nos aproximarmos da perfeição de nossa natureza. Não se conseguiu desenvolver um método ou sistema educacional que faça com que o ser humano se aproxime de sua natureza. Ninguém é mau em essência; pode tornar-se agressivo, violento, mentiroso, perigoso pelas vicissitudes da vida, pela ausência de boa educação. Entretanto há crimes cometidos por jovens a quem não faltaram bens materiais. Faltou o afeto. O escritor francês Antoine de Saint-Exupéry (1900-1944), enfatiza:

> *O mais importante, na construção do homem, não é instruí-lo – haverá algum interesse em fazer dele um livro que caminha? –, mas educá-lo e levá-lo até aqueles patamares onde o que liga as coisas já não são as coisas, mas os rostos nascidos dos laços divinos.*

Não há nada a esperar das coisas se o espírito não repercute sobre elas. Não é a quantidade de conteúdo, nem a habilidade de memorização, medida nas infindas avaliações, que determinará a boa educação. O conteúdo se torna importante quando há um sentido em sua seleção, quando estabelece nexos com a vida, com a prática da cidadania.

A forma como se ministra o conteúdo é fundamental. Imagine-se um professor que obrigue um aluno a ler um clássico na sua formação leitora. Diz o professor que ele tem de ler a obra por ser obrigado, porque "cai" no vestibular, porque "caiu nos concursos". Essa prática é cruel, é um crime que se comete contra a beleza, contra a riqueza da literatura.

Outro resultado o professor obteria se envolvesse os jovens alunos na leitura espontânea e prazerosa. Bastaria contar trechos do livro, contextualizá-lo, refletir sobre os costumes da época em que foi escrito, permitindo que os alunos mergulhassem com curiosidade na leitura. Ou ainda trabalhar teatralmente a obra ou determinar momentos especiais da prática de leitura, como "a hora do conto". Não se trata apenas de questão de método, mas de preparo e de vontade.

Não haverá educação sem livro. No dizer de E. Goto ele significa: *o amigo, o camarada, o mestre, o farol, o lema, o exemplo, a nossa voz e a nossa alma*. É a possibilidade da construção do pensamento, que se dá de forma mais viva e eficiente.

Quando se projeta uma educação para o futuro, uma das idéias que se coloca sem muita discussão é que a atividade de pesquisa será um momento mais rico que a aula expositiva. O professor não será substituído, mas deverá mudar seu foco de atuação, passando de mero facilitador do processo de transmissão do conhecimento para um interventor, um problematizador.

Os problemas pelos quais passam os sistemas de ensino no país são grandes, mas há muitas possibilidades de se quebrarem paradigmas e de se construir um outro conceito de educação, de forma a assegurar, por meio de ações simples, resultados concretos e positivos. São pequenos gestos que provocam as mudanças, e a intervenção de cada um de nós, mesmo que numa tímida esfera de atuação, produz resultados alentadores. Como o trabalho com dinâmicas, com momentos, com decisões. São questões que serão abordadas neste livro.

3. Falando em liberdade

Se queres viver muito, guarda um pouco de vinho velho e um velho amigo.
Pitágoras

Nessas idéias que antecedem sugestões sobre a educação, refletir sobre liberdade torna-se fundamental. É próprio do ser humano conquistá-la. Perdê-la é sempre o seu maior temor.

Muito se falou sobre a educação libertadora, que tem como meta o desenvolvimento da autonomia, a formação de um educando e de um educador com vontade própria, com luz própria, com o perfil de um caminhante sem medo do caminhar e sem a necessidade de seguir o caminho feito por terceiros. Não há nada tão forte e profundo como o anseio pela liberdade. Não há nada tão precioso e, ao mesmo tempo, tão difícil de ser obtido. Sem liberdade, não há vida.

A possibilidade de escolher, de duvidar, de errar, de procurar, de experimentar, de dizer *não* a uma imposição, seja literária, seja artística, filosófica, religiosa, política; dizer *não* com consciência, com convicção é condição de liberdade. Antes que acabemos caindo na armadilha das palavras, é necessário que a liberdade seja considerada não como poder-dominação, mas como o poder-autorização de fazer o que nossa alma pede, sem restrições, a não ser as dos limites íntimos colocados pela consciência.

Para a prática da liberdade todos os instrumentos do espírito são necessários: os conhecimentos que adquirimos nas relações familiares, os que nos ensinam na escola, os que adquirimos no trabalho. Mas o maior de todos é o conhecimento de si mesmo. "Conhece-te a ti mesmo", dizia Sócrates. Eis que somos a medida (a medida dos outros e do mundo) de todas as coisas – estava no Oráculo de Delfos.

Para sermos livres, não precisamos de poder, nem de beleza, nem de um corpo apolíneo, nem de bela voz, nem de temperamento especial, nem de dons artísticos, nem de origem em berço de ouro. Somente o conhecimento sem medo, e a consciência de que se tem esse poder são necessários para a liberdade. Sem ela seremos escravos dos outros e de nós mesmos. Escravos sem direito, sem voz nem vez, subjugados em uma situação de inferioridade, porque usaremos nosso potencial. E é exatamente o conhecimento que faz com que a voz da consciência possa ser escutada e aplicada.

Não podemos comprar a liberdade, mas podemos construí-la. Não podemos pedir a nossos pais a liberdade, mas podemos construí-la; não podemos inventar a liberdade, mas podemos construí-la; não podemos doar a liberdade, mas podemos ensinar outrem a construí-la; não podemos impor a liberdade, mas podemos ajudar alguém a construí-la.

Podemos, sim, exigir dos governos, das famílias, da escola a liberdade, desde que saibamos construí-la. Antônio Francisco Lisboa, o grande artista nascido em Minas Gerais no século XVIII, apelidado Aleijadinho, criou esculturas admiráveis, livremente, com as duas mãos deformadas amarradas ao formão; Zumbi, o negro formidável, fundou o para sempre liberto Quilombo dos Palmares apenas com uma população de escravos fugidos como ele. Alphonse Daudet nos conta uma história corrente em sua Provença ensolarada:

Era uma vez uma cabrinha que queria ser livre. Não queria mais a servidão com a ração medida, embora deliciosa. Não quis a segurança das altas cercas e dos portões de ferro. Fugiu e foi para a montanha. Pastou alegremente até chegar a noite. Com as trevas, veio o lobo, e ela lutou com ele. E lutava ainda aos primeiros clarões da aurora. E aí o lobo foi embora, aos pulos, para a floresta. Do vale, de onde havia partido, veio o apelo:

– Volta, cabrinha branca, para o teu lugar! Os dias são lindos. Há bastante relva no cercado, para pastagem, a água é trocada várias vezes nas vasilhas onde bebes,

enchemos com ervilha fresca e feno cheiroso o teu cocho de madeira. Vem, que o lobo te aniquila!

Era uma cabrinha muito linda, forte, de grandes chifres recurvos e queria ser livre. Ela se limitou a sacudir a formosa cabeça e a explicar:

– Bééééé'! – o que os homens não entenderam.

Na outra noite, a cabrinha lutou com o lobo. Ela era forte, já dissemos, tinha um par de chifres agudos. O lobo se foi ao amanhecer.

Embaixo, repetiram os gritos:

– Volta! O lobo te derruba! Ele te mata!

– Bééééé! – ela respondeu, agitando muitas vezes a cabeça de grandes chifres. E pastou com bom apetite, o dia todo.

Outra noite, o lobo veio. Ela lutou bravamente. Por volta da meia-noite, o lobo a devorou.

O que pensaríeis dela, se ela preferisse a escravidão? – pergunta o autor da história.

A luta a que se refere o texto é a luta por nossos ideais e sonhos que acreditamos poder realizar. Não é compatível com nossa fé na liberdade admitir que alguém nasça com a maldade em essência e por causa disso queira destruir seu semelhante. Destruir não é apenas matar com arma de fogo. O político corrupto também causa destruição. O patrão ou a patroa que desrespeita também erra. O mau advogado. O delegado que espanca. O médico que comunica com aspereza a enfermidade do paciente, que não tem a sensibilidade de entender a dor de uma mãe que acaba de perder o filho. Entretanto, não nos parece correto afirmar que esses, que complicam a vida dos outros, têm por destino estragar a liberdade alheia. O que nos parece é quc falta conhecimento próprio, falta compreensão interna. Por isso, quando erram, erram muito mais por ignorância sem que tenham, necessariamente, optado pelo erro.

É ignorante quem mata, rouba, aniquila, maltrata, grita, odeia, desespera-se o tempo todo. São atitudes que nascem com a falta da capacidade de reflexão, de interiorização – não foi educado para isso; a família e a escola não o prepararam para a liberdade. Se por um lado, as grades da prisão não são suficientemente fortes para roubar a liberdade, a deficiência física, que impede o pleno exercício do corpo, também não a retira; a falta de conhecimento é capaz de transformar uma das maiores dádivas da existência em escravidão.

A escola prepara para a liberdade. E ajuda a libertar as vítimas das várias formas de escravidão.

4. Falando em escravidão

A abelha é honrada porque trabalha não só para ela, mas para todos.
PROVÉRBIO GREGO

A escravidão não subjuga o corpo, mas a mente. Ou melhor, por vezes o corpo é privado da liberdade por despreparo da mente.

A verdadeira escravidão existe quando o escravo nem desconfia de sua condição. Ela é sutil e discreta. Na sociedade moderna, pretensamente democrática, a escravidão apresenta-se de outras formas.

Aquele que é escravo da bebida, do cigarro ou do jogo tende a não admitir a escravidão a que está submetido. Afirma, categoricamente, que bebe apenas socialmente, que abandona o cigarro quando quiser e deixa de jogar a qualquer hora. Há ainda o escravo da paixão sensual. Ou o escravo de qualquer seita fanática. São formas mais visíveis de escravidão. Há outras quase imperceptíveis, mas, nem por isso, menos graves.

Temos que viver cada fase da vida, com suas limitações, seus altos vôos, tombos e acidentes. Tudo é vida. Preparando e praticando. Porque estamos perenemente em preparo para a fase seguinte, a seguinte e a seguinte. Ao surgirem os primeiros cabelos brancos, acabamos por entender que desperdiçamos os anos e as energias, que a vida veio e se vai, e não vivemos. Haverá maior tragédia que uma vida desperdiçada? Que a juventude desperdiçada? Em que consiste a escravidão em nossa era chamada moderna?

A escravidão a que nos referimos não é a do homem comprado, que está remando nas galeras ou algemado a argolas no fundo de subterrâneos de pedra. É a de quem está preso a uma vida sem meta, sem saída, preso ao seu próprio corpo, à profissão sem sonhos, ao lar sem amor. Estudou, formou-se, tem um bom emprego, comprou casa e carros. Falta, no entanto, ele próprio. Esse homem não possui a si mesmo. Sem a elevação do espírito, que esqueceu de voltar para o essencial, qualquer vida é cinza e pó. Já nem se fala aqui do ópio, da heroína, da cola de sapateiro, da maconha, do tabaco e do álcool. Viver sem objetivo é que é uma droga. A pior droga, porque a pessoa nessa condição envenena a si mesma e aos seus.

E os mecanismos que tornam alguém escravo são muitos. A falta de reflexão leva a isso, mas nesta sociedade, em que os padrões são impostos por uma minoria, a grande maioria apenas os repete sem se dar conta do que diz, daquilo pelo que opta, por que diz ou por que opta. É o jovem que não sabe por que quer fazer esse ou aquele curso e não quer nem pensar a respeito. É a multidão que dá o voto a um candidato e deixa de votar em outro por razões que não sabe justificar. Apenas acompanha o bando. Como não há muito conhecimento, como a reflexão está distante, manda quem pode e obedece quem não conhece. Há uma antiga história que ilustra a terrível conseqüência da escravidão.

Era uma vez um urso que morava em sua floresta. Conhecia cada canto de seu hábitat. Os rios, as árvores, os outros animais, tudo com os detalhes familiares a um morador antigo.

Todos os anos, durante o inverno rigoroso, o urso entrava na caverna e lá ficava até o verão. Hibernando, dormindo...

Durante o inverno o urso ficou dentro da caverna. Quando chegou o verão ele saiu ansioso para ver sua floresta. E algo diferente aconteceu nesse ano. Surpresa enorme teve nosso personagem quando percebeu que toda a floresta havia sido derrubada e no lugar dela havia uma indústria. O urso ficou assustadíssimo. Não acreditou no que estava vendo. Ele se beliscou várias vezes, achando que sonhava. De repente, aproxima-se dele um trabalhador e lhe pergunta:

– O que o senhor está fazendo aí parado?

– Eu? – retrucou o urso. – Ora, não estou fazendo nada, estou apenas olhando.

– Vá fazer a barba, tomar banho, trocar de roupa e começar a trabalhar – ordenou o funcionário.

– Ora, deixe disso. Eu sou um urso. Não vou fazer a barba nem tomar banho, nem trocar de roupa muito menos trabalhar.

– Eu não vou discutir com o senhor.

Imediatamente chamou o chefe da seção.

– Ele está dizendo que é um urso.

– Ora – disse o chefe – vamos parar de brincadeira. Vá fazer a barba, tomar banho, trocar de roupa e trabalhar.

– Eu não vou fazer nada disso. Eu sou um urso. Urso não faz a barba, não toma banho, não troca de roupa e não trabalha.

– Eu não vou discutir com o senhor. Vou levá-lo até o gerente da empresa.

Lá se foram o urso, o funcionário e o chefe ter com o gerente da empresa.

– O que está acontecendo? – perguntou o gerente.

– Esse camarada está dizendo que é um urso – respondeu o chefe.

– Estou dizendo não. Eu sou um urso. E não adianta querer me enganar.

– Vamos parar com essa brincadeira – disse o gerente. – Vá fazer a barba, tomar banho, trocar de roupa e trabalhar.

– Não vou fazer a barba nem tomar banho, nem trocar de roupa, nem trabalhar. Eu sou um urso!

– Vamos levá-lo até o diretor.

E lá se foram, o urso, o funcionário, o chefe e o gerente.

– Senhor diretor – disse o gerente – temos um pequeno problema. Este nosso funcionário teima em afirmar que é um urso.

– Teimo não. Vocês é que teimam em dizer o contrário. Eu sou um urso.

– Pronto – disse o diretor. – Está resolvido. O senhor agora vá fazer a barba, tomar banho, trocar de roupa e trabalhar. E não se fala mais nisso. É uma ordem.

– Ora essa, eu não recebo ordem de ninguém. Eu sou um urso. Não vou fazer a barba nem tomar banho, nem trocar de roupa, nem trabalhar.

Resolveram levá-lo ao vice-presidente da empresa, que já sabia do disque-disque na empresa e foi falando sem muita paciência:

– Olha aqui, não tenho muito tempo a perder. Sou um homem bastante ocupado. Vá imediatamente fazer a barba, tomar banho, trocar de roupa e trabalhar ou eu vou demiti-lo.

– Pode demitir – disse o urso – eu não estou admitido. Eu sou um urso, um urso! Entenderam ou não? Eu não vou fazer a barba, não vou tomar banho, não vou trocar de roupa nem trabalhar.

– Bem – disse o vice-presidente – vamos conversar com o presidente da empresa.

E lá se foram, o urso, o funcionário, o chefe, o gerente, o diretor e o vice-presidente. Cada sala era maior que a outra, e o urso se espantava com o número de secretárias.

O presidente foi logo se adiantando:

– Seja bem-vindo, meu amigo urso!

– Ora, eu nem estou acreditando – retrucou o urso.

– Deixem-me a sós com ele.

E saíram todos, ficando apenas o urso e o presidente.

– Vamos dar uma volta? – convidou o presidente.

– Com muito prazer – respondeu o urso.

E lá se foram, o presidente e o urso, ao jardim zoológico. Quando chegaram lá, viram logo uma jaula em que moravam alguns ursos. Perguntou o presidente ao urso que estava dentro da jaula:

– Meu amigo urso, pode me tirar uma dúvida?

– Com toda certeza – respondeu o urso de dentro da jaula.

– Este que está aqui comigo – continuou o presidente, apontando para o urso que o acompanhava – é um homem ou um urso?

– É um homem – afirmou o urso. – Se ele fosse urso, estaria aqui, dentro da jaula.

O urso ficou espantado. O presidente continuava com aquele olhar confiante, astuto.

– Vamos ao circo? – sugeriu o presidente.

– Sim – respondeu o urso, cambaleante.

No circo a cena se repetiu. O presidente perguntou ao urso que estava no picadeiro se aquele que o acompanhava era homem ou urso, e sem deixar dúvidas respondeu o urso do picadeiro:

– Ora, é um homem. Se ele fosse urso, estaria no picadeiro.

E um ursinho, um pouco atrevido, deu força:

– O que ele precisa é fazer a barba, tomar banho, trocar de roupa e trabalhar – se não bastasse – vagabundo!

Urso ou homem, não se sabe muito bem, voltou com o presidente para a empresa. Fez a barba, tomou banho, trocou de roupa e começou a trabalhar. Trabalhou incansavelmente e sem muito tempo para pensar até que chegou novamente o inverno. Todos na indústria foram para suas casas, houve férias coletivas devido ao frio rigoroso. E ele, nosso personagem central, iria para onde?

Ele andou de um lado a outro, passou perto da caverna e resolveu que não poderia entrar. Tinha feito a barba, tomado banho, trocado de roupa e trabalhado. Não era urso certamente.

Depois de muito resistir, entrou na caverna. Deitou-se, fechou os olhos, coçou a barriga, dormiu... e sonhou que era urso.

Era homem ou urso?

Era urso. Era urso que foi convencido a ser algo que não era, que resistiu até onde pôde para não se deixar levar pela conversa de estranhos. Enquanto gritaram com ele, enquanto o obrigaram a acreditar em algo que não acreditava, ele resistiu. Mas, diante da sutileza do presidente, ele se convenceu, não resistiu à pressão externa, à publicidade, à propaganda, e acabou se convencendo de algo que, na verdade, não era.

Essa parábola demonstra perfeitamente meu conceito de escravidão. E ilustra bem casos como o do professor que manda o pequeno aluno rasgar a folha de papel e começar o desenho de novo porque ele pintou o sapo de vermelho e, de acordo com esse professor, não existe sapo vermelho. É a educação que escraviza, que forma bons repetidores de conteúdo e maus pensadores, maus construtores de histórias próprias.

O presidente da empresa, astuciosamente, conduziu o urso por onde quis. E de forma sutil o convenceu de algo que ele não era – um homem! O presidente era experiente, esperto, astuto e sabia como enganar. Não foi truculento como os outros funcionários. Conheceu primeiro a fragilidade do urso, agiu sobre essa fragilidade e com isso atingiu seus objetivos.

O mais triste escravo é aquele que não percebe a situação em que se encontra. E se aliena. O preso que está encarcerado sabe que não pode sair, que é essa sua situação permanente até o dia em que seja colocado em liberdade, ou tente uma fuga. Ninguém esconde dele que está preso. Entretanto, não é dessa prisão que falo. É do escravo da alienação, daquele que repete o que os outros dizem sem a menor condição de entender o porquê. Aceita a droga porque não sabe dizer não, porque não pode contrariar o grupo e precisa por ele ser aceito. Entra na briga, bate, agride, fere, mata sem a convicção do que fez, é escravo do grupo, escravo do medo, escravo da covardia e da necessidade de se mostrar como macho, como valente. Escravo de si mesmo, de seus medos, de seus traumas, de sua insegurança, de sua timidez. Teme o outro e por isso precisa se mostrar como temerário.

A escravidão da acomodação. Os números sobre os analfabetos ou sobre os miseráveis, sobre as crianças que passam fome e morrem em conseqüência dela, que são milhões em todo o mundo, constituem apenas dados estatísticos que não incomodam o escravo. Ele está em outro universo. O problema não é com ele, que não tem absolutamente nada com isso. É capaz de ver a violência, a miséria sem se dar conta do que representam.

A escravidão da alienação social e política é provocada muitas vezes pela escola ou pela família que não querem "agredir" a criança com assuntos polêmicos, para não lhe tirar o sono, não lhe dizer que o mundo não é cor-de-rosa. Não há como construir muros, mas há como construir pontes unindo indivíduos que a história separou. Pessoas que já nascem escravas da própria sorte porque não têm acesso a alimentação, saúde, cuidados básicos para seu desenvolvimento. Padecem de falta de afeto e de oportunidade, de falta de lazer, o que termina por também fazer faltar o sorriso que deveria estar normalmente estampado no rosto de cada criança. No Natal, olham as vitrines e sonham. Enquanto isso, em casa, tomam água com açúcar para espantar a fome, porque comida não há. Como continuar a sonhar?

5. Os desanimados, os boas-vindas e os entusiastas

Enquanto se vive é necessário aprender a viver.
Sêneca

O pensador existencialista cristão francês Teilhard de Chardin, para fins de estudo psicológico, dividiu os homens em três grandes categorias: os desanimados, os boas-vidas e os entusiastas.

Os desanimados, sem alma, não acreditam em si mesmos nem nos outros. Não amam a vida e mal conseguem aturá-la. São as criaturas em negativo: temerosas, insatisfeitas, refugiadas no passado, para não ter de tomar atitudes e decisões no presente. Cultivam o nervosismo, a mágoa. Queixam-se da sociedade em que vivem, porém não procuram se comunicar. Tornam-se tímidos, à força de fugir, e evidentemente não se sentem felizes. Se alguém procura ajudá-los e os escora para que fiquem eretos, nem bem são deixados em pé, sozinhos, abatem-se no chão. Também são preocupados. O futuro para eles esconde em seu bojo inúmeros incidentes – trágicos, tristonhos alguns, ridículos e deprimentes, outros. Como é inevitável para esse tipo de temperamento, são ressentidos. Desse grupo saem os perdedores, os invejosos, os melancólicos, os pessimistas, os doentes do corpo e da alma. Acabam obtendo a própria infelicidade e a infelicidade alheia e se vêem em lamentável estado de desilusão. Como se na vida não houvesse a menor possibilidade de encontrar a felicidade.

Entretanto, não nasceram assim. Não foram destinados para a infelicidade. Por isso é possível salvá-los. Para salvá-los, basta fazê-los amar a vida. Mas como? Quem sabe fazendo-os encontrar um sentido para sua existência? Às vezes um simples ato de compreensão descobre uma ponta do mistério e traz um sentido, uma justificação e uma esperança para a existência dessas pessoas.

Cabe neste contexto a história de um homem revoltado contra o destino de pobreza que ele achava ter-lhe sido reservado. Queixava-se de não ter sapatos, levantava-se e se insurgia contra a vida, até que um dia encontrou um homem sem os pés subindo uma ladeira íngreme.

Os problemas, quando comparados a outros, podem ser minimizados. As dificuldades não são prerrogativas de alguns. As provações acontecem com toda a gente em toda parte. Quem consegue olhar o problema do outro, estar atento para as amarguras que há na vida alheia, começa a refletir com mais serenidade sobre as vicissitudes da própria vida.

Os desanimados são resistentes às mudanças. Acham tudo difícil. Às vezes até se interessam por uma ou outra coisa – admiram alguém que fale bem, por exemplo –, mas não acreditam que possam vir a ter esse dom nem encontram forças para lutar por isso. Geralmente vivem do passado, apesar de, no passado, terem vivido também do passado mais remoto. Essas pessoas se iludem lembrando do tempo em que foram felizes. Não há o que lembrar, não foram felizes nunca. Ficaram sempre reclamando da vida e da sorte sem a coragem necessária para seguir adiante.

A segunda categoria, a dos boas-vidas, se constitui de criaturas até muito simpáticas, pelo menos enquanto não precisamos delas. Querem viver o presente, sem preocupações a respeito do dia de amanhã e sem apego ao passado. De certo modo, não estão erradas, porém sua maneira de viver o dia de hoje é exterior e materialista. Nada que diga respeito ao cultivo do espírito lhes interessa: artes, música, literatura, canto, meditação, preces, problemas da sociedade, solidariedade. Esse grupo se entrega aos prazeres sensuais e se atordoa como num transe. Envolve-se em turbilhões de satisfação material, mas, quando a vertigem acaba, resta o vazio.

O egoísta paga caro o extremado amor por si mesmo. Os prazeres têm de ser aumentados em intensidade para provocar o mesmo grau de satisfação, como as doses de veneno que intoxicam e inebriam. Quando não se consegue o prazer almejado, decorrem a depressão e a desilusão. Pode-se até fugir para o mundo das drogas, do álcool, do amor comprado, da satisfação de apetites carnais.

Os boas-vidas tentam demonstrar uma alegria que não possuem; promovem festas ruidosas para espantar o silêncio e a solidão – temem estar sós porque temem a reflexão, temem a si mesmos. São geralmente atrapalhados com a quantidade de compromissos sociais que agendam. Suas grandes preocupações giram em torno do mundo falso das novelas, da moda, dos convites para festas que receberam ou deixaram de receber, do status financeiro das pessoas. Em seu discurso superficial generalizam tudo e suas preocupações são sempre materiais e efêmeras.

Os entusiastas são os que Teilhard de Chardin chama de ardentes, porque queimam como uma chama. Antes de discorrer a respeito dessas criaturas de exceção, consideremos a palavra "entusiasmo", que tem sua origem na Grécia e significa "estado de ser inspirado por Deus". Os que têm entusiasmo têm coragem e carregam Deus dentro de si e o mundo nas costas.

Estamos falando de gente como Castro Alves, Madre Teresa de Calcutá, da baiana Ana Nery, de Vicente de Carvalho, o poeta do mar, e do grande Francisco de Assis, o noivo da Dona Pobreza. Estamos falando de Joana d'Arc e de Gandhi, de dom Hélder Câmara e de Irmã Dulce. Estamos falando de um Betinho, que não esmoreceu. Pessoas que acreditaram que podiam fazer história e fizeram. E também lembramos uma legião de anônimos que em sua humildade, em sua pequena província, serviram de modelo para as pessoas com as quais conviveram. Não chegaram à glória dos holofotes nem se esforçaram para isso, mas viveram uma vida de entusiasmo e de felicidade enorme.

Os entusiastas quebram os paradigmas, estão prontos para qualquer batalha. Não têm medo de se lançar; não cruzam os braços nem desistem diante dos obstáculos. Não reclamam da sorte nem se deixam levar por prazeres efêmeros e vazios que nada trazem de proveitoso. Têm uma dimensão maior da vida, têm estofo, têm sonhos! Têm inspiração!

Quantas pessoas perdem oportunidades porque não descobriram a chama que há no próprio interior; chama capaz de iluminar, de incendiar. Quantas pessoas preferem viver da vida de outras, fazendo fofocas. Na sabedoria milenar do ensinamento de Sócrates, a tentativa de fazer com que as preocupações não se concentrem na vida alheia, mas no que é essencial, originou a bela história dos crivos.

Diz-se que um discípulo de Sócrates quis contar-lhe uns mexericos que circulavam pela cidade.

– Posso contar-lhe, mestre, as novidades?

– Podes, se já passaste a notícia pelos três crivos.

– Não sei disso, mestre. Que três crivos são esses?

– O primeiro crivo é o da VERDADE. Sabes de fonte limpa se se trata de verdade apurada, confirmada, sacramentada?

– Ora, mestre! Também nem tanto. Toda a gente fala por aí, e onde há fumaça, há fogo. Em três crivos, o senhor falou?

– O segundo crivo é o da BONDADE.

– E quer dizer o quê?

– Quer dizer que é preciso verificar se o que se vai espalhar não é vexatório, humilhante, ridículo, mesquinho. Se o conhecimento público de tal coisa não vai prejudicar alguém. Se ninguém perderá o bom conceito em que é tido, caso se venha a espalhar a notícia que estás tão ansioso por esparramar.

– Mas, mestre, dessa maneira ninguém vai poder contar nada. Nem dará para conversar, porque o pratinho mais suculento da prosa certamente é a vida alheia.

– O terceiro crivo – continuou o filósofo, imperturbável – é o da NECESSIDADE. Tens alguma necessidade de contar isso que trazes embaixo da língua e estás tão ansioso por divulgar?

– Ora, mestre, por favor! Necessidade nenhuma. Essas coisas nem me dizem respeito.

– E também não são concernentes ao bem público?

Como o discípulo se calasse, confundido, o mestre concluiu por sua conta.

– Então deixa estar. Vamos às nossas digressões costumeiras.

Mestre e discípulo continuaram então o passeio, conversando sobre filosofia.

Esse é um ensinamento que leva a pensar sobre o essencial. E o essencial está dentro de nós, na capacidade de olhar com interesse construtivo o que nos rodeia. O interesse inconseqüente pela vida alheia, por outro lado, é um dos maiores males do nosso tempo, alimentado por alguns setores da imprensa sensacionalista. Um atleta, um artista, um político são pessoas como quaisquer outras, quando se trata da vida privada de cada um. O fato de ser figura pública não dá a ninguém o direito de invadir-lhe a privacidade. É bastante freqüente que as relações familiares de pessoas famosas sejam prejudicadas por notícias publicadas que não passam por nenhum dos crivos: verdade, bondade e necessidade. E se isso ocorre é porque empresários inescrupulosos lucram muito alimentando a curiosidade generalizada pela vida alheia, quando se trata de gente famosa, veiculando publicações inverdadeiras, maldosas e desnecessárias. Eles se esquecem de que por trás da imagem pública das pessoas famosas há sentimentos, há medo de perda, de solidão, há os mesmos problemas enfrentados por todas as outras pessoas que vivem no anonimato.

São os desanimados e os boas-vidas que fazem a si e aos outros grandes malefícios e nada constroem para que o mundo seja melhor. É possível que não o façam por maldade, mas sim por ignorância e, em muitos casos, por ter-lhes faltado educação.

Viver com intensidade. Viver cada momento. Amar. Amar ao outro, amar a si mesmo. Demonstrar esse amor com gestos de afeto, de entrega, de partilha. A vida perde o sentido se não é entusiasmada, animada por uma paixão.

A grande possibilidade de se deixar de ser boa-vida ou desanimado é ter consciência dos próprios defeitos. Quem faz tudo errado, mas com boa intenção, não deixa de cometer o erro. É preciso sair do terreno da boa intenção e passar para o da ação. E a ação do entusiasta, do ardente, é uma ação viva e amorosa que deixa marcas indeléveis nessa história que cada um de nós constrói.

6. A virtude

O destino, como todos os dramaturgos, não anuncia as peripécias nem o desfecho. Eles chegam a seu tempo, até que o pano cai, apagam-se as luzes e os expectadores vão dormir...

MACHADO DE ASSIS

Nicolau Maquiavel, filósofo italiano do Renascimento, escreveu obras magistrais sobre o poder, sobre as dificuldades para chegar ao poder e nele se manter. Polêmico, foi muito mal interpretado pela história. Muito se propagou erroneamente a respeito de suas idéias sobre os métodos de condução ao poder, sobre sua falta de ética, de moral, de religião e de respeito.

A preocupação de Maquiavel talvez tenha sido muito mais a de desmistificar o conceito de poder do que tratá-lo sob o ponto de vista religioso ou moral, como muitos já haviam feito anteriormente. O que queria o florentino afinal? Ele propunha que o poder fosse retirado do domínio dos deuses e dos mitos e trazido à dimensão humana.

Não é objetivo deste livro abordar detalhadamente o pensamento filosófico nem a história de Maquiavel. Mas há um aspecto de sua filosofia que salta aos olhos e é bastante elucidativo para a compreensão do ser humano. Para o filósofo, a natureza humana estava calcada em dois elementos:

a fortuna e a *virtù*. A fortuna é a sorte, a ocasião, as circunstâncias. Não há como negar que boa parte do sucesso ou do fracasso possa advir da sorte. O indivíduo pode estar no local certo, no momento certo e, de repente, ser agraciado pelo destino. Segundo Maquiavel, não há controle sobre as circunstâncias que se apresentam na vida e não é possível permanecer aguardando a boa sorte. E se ela não vier?

O outro elemento, a *virtù*, é a excelência das qualidades humanas, a coragem, a determinação, a garra, que faz com que não se espere as coisas acontecerem, mas que se tenha uma antevisão dos acontecimentos. A *virtù* é uma qualidade indispensável a quem deseja o poder, não o poder que leva a uma posição de comando na sociedade. Trata-se do poder sobre si mesmo, o poder das conquistas pessoais, no plano do amor filial, paternal ou conjugal, o poder das conquistas profissionais, obtido com estudos e dedicação. Não se pode, por exemplo, reclamar da enchente como uma má sorte; é preciso ter a *virtù* de fazer construir diques e barragens que previnam os acontecimentos desfavoráveis decorrentes de um fenômeno da natureza, por exemplo. A *virtù* é a ação humana.

Há uma rica história de coincidência que revela uma combinação de *virtù* e fortuna. Pode-se contá-la de dois modos: à maneira jornalística – clara, concisa, com todos os dados, datas e referências precisas; ou como um conto de fadas, atemporal e inespacial. Preferimos a forma mais saborosa. Pois bem...

Era uma vez duas famílias ricas, na velha Inglaterra. Habitavam mansões, com parques lindíssimos, talvez as-

sombradas para conferir mais tradição aos proprietários. Tinham mordomos, criadagem escolhida, eram notícia nas colunas sociais, ocupavam altos cargos do governo. Visitavam-se freqüentemente. Certa ocasião, durante as férias de verão, estava uma família em casa da outra, divertia-se a criançada na piscina, quando um dos meninos menores, um gorducho, loirinho, perdeu pé e afundou. A gritaria da meninada não alcançava o casarão. O parque era imenso, imensa também a aflição desses meninos em sua primeira experiência com a desgraça.

– Vai morrer, Winston vai morrer! – clamavam todos, debruçando-se sobre a piscina e estendendo as mãozinhas na tentativa de alcançar o pequeno que se debatia e a espaços reaparecia na superfície já quase desacordado.

Alguém, por fim, ouviu os gritos: Alexander, o filho do jardineiro, garoto já crescido, vigoroso, correu para a piscina e salvou o pequeno.

Ponto final. História feita e acabada, com começo, meio e fim. E, para gáudio dos leitores, com final feliz. Para os sentimentais, um episódio em que crianças socorrem crianças e demonstram fortes sentimentos. E, para os filósofos baratos do cotidiano, a moral da história: que os ricos, muitas vezes, precisam dos pobres, que neste mundo somos todos iguais. Mas houve mais.

O velho proprietário mandou chamar o jardineiro, um escocês muito competente em seu ofício.

– Tenho uma enorme dívida para com seu filho e indiretamente para com você.

– Se me permite, senhor, não se preocupe com isso. Meu filho fez o que qualquer pessoa faria se estivesse ali e escutasse os gritos.

– Sim, mas ele foi rápido, pensou e agiu logo. Talvez esse menino tenha um futuro brilhante se lhe forem dadas as oportunidades certas. Quero fazer alguma coisa por ele. Sei que você não aceitaria uma gratificação. Então me diga: o que posso fazer por ele?

– Já que insiste, senhor, meu filho, desde menininho, manifesta desejo de ser médico, e está fora do meu alcance atendê-lo.

– Pois alegre-se, seu menino freqüentará as melhores escolas da Inglaterra e seguramente a melhor escola de medicina do mundo. A vida do meu filho vale isso.

Alexander Fleming, o filho do jardineiro, pôde então realizar seu sonho: foi um aluno brilhante. Quando se formou, na Universidade de Londres, foi convidado a dar aulas naquela instituição. Especializou-se em bacteriologia e, dedicando-se à ciência com o afinco e a disciplina que lhe eram peculiares desde a infância, descobriu a penicilina, que seguramente se encontra entre as maiores contribuições científicas de todos os tempos.

Fleming esteve nas manchetes mundiais. Foi agraciado pela rainha com o título de *sir*, como benfeitor. E aí está o segundo final feliz da mesma história de vida: o menino pobre, guindado às alturas por um homem que lhe foi grato. Assim Deus escreve direito por linhas tortas, dirá o filósofo da esquina. E o menino que foi salvo por Alexander?

Winston Churchill cresceu e se transformou no grande estadista da Grã-Bretanha, o primeiro-ministro responsável pela vitória das forças aliadas na Segunda Guerra Mundial e que tomou a pulso a recuperação da Inglaterra no pós-guerra, agraciado com vários títulos pela rainha Elizabeth II.Tudo corria perfeitamente na vida desse valoroso lorde quando, estando em Teerã para participar de uma conferência de estadistas, uma notícia abalou o mundo: *sir* Winston Churchill contraíra pneumonia. Os prognósticos eram os piores. A morte rondava o herói. Na época, não havia cura para a pneumonia.

Como nos antigos contos de fada, o príncipe estava morrendo. Precisava de um chá feito com três penas do pássaro de fogo. Da fantasia para os fatos: Churchill só seria curado com antibiótico, e esse medicamento vital não existia comercialmente. As autoridades britânicas convocaram então o melhor médico do império para assistir o primeiro-ministro, que estava morrendo. O dr. Alexander Fleming tomou o avião para Teerã, aplicou no enfermo sua penicilina, recém-descoberta e ainda em fase experimental, salvou o herói e voltou calmamente para suas provetas.

Curado, o ministro tornou público o episódio de sua infância, de como escapou da morte pelas mãos do filho do jardineiro e declarou: "Não é sempre que alguém tem a oportunidade de agradecer ao mesmo homem por ter-lhe salvado a vida duas vezes".

A vida, como já se disse, é um dramaturgo de segunda. Escreve peças que um bom autor não assinaria.

Quando há o esforço real, a tentativa continuada de fazer o melhor, o melhor acaba acontecendo. O medo, a preocupação excessiva com bens materiais e com riscos físicos despendem tanta energia quanto o investimento em solidariedade espontânea.

Seria muito cômodo aceitar passivamente que o destino reserva a cada um de nós o que nos cabe. Com isso, justificaríamos nossos fracassos e sucessos, eximindo-nos da participação na construção de nossa vida. O jovem que não passou no vestibular ou não conquistou a namorada com que sonhava, ou o profissional que não conseguiu galgar postos mais altos, tudo poderia ser atribuído ao destino, essa entidade invisível e arbitrária. Até as guerras, as doenças, as tragédias climáticas e ambientais seriam obras do destino.

Entretanto, não há destino; cada um constrói sua história, e da ação humana depende o resultado de cada empreendimento. Para isso, é preciso que o indivíduo se angustie para a tomada de decisão, e essa angústia será bem-vinda se for fruto de uma profunda reflexão.

Em toda ação humana é preciso que exista reflexão. Diferentemente dos animais irracionais, o ser humano é dotado de capacidade de reflexão, o que lhe dá a possibilidade de antever caminhos e optar, mudar seu rumo se for o caso. A reflexão demanda angústia porque deriva em escolha e toda escolha é angustiante. Escolhe-se um caminho em detrimento de outro, seja a mudança de emprego, de casa, de amor. Mudança de família, de comportamento, de modo de pensar.

A mudança que é fruto da reflexão enriquece, ensina. É o contrário da mudança volúvel, irrefletida, que conduz às futuras lamentações, ao arrependimento e ao ressentimento.

Quem não desenvolve a *virtù* não permite aflorar o potencial construtivo de que todos dispomos e termina por ocasionar o mal, ainda que involuntariamente, a si e aos outros.

7. O essencial e o acidental

Toda a vida humana, por mais religiosa que seja, se não tiver diante dos olhos o fim para o qual nasceu, é navio sem norte, é cego sem guia, é dia sem sol, é noite sem estrelas, é república sem lei, é labirinto sem fio, é armada sem farol, é exército sem bandeira, enfim, é vontade às escuras, sem luz de entendimento, que lhe mostre o mal e o bem, e lhe dite o que há de querer, ou do que fugir.

PADRE ANTÔNIO VIEIRA (1608-1697)

O tempo é um grande desafio para quem quer crescer, evoluir. É comum ouvir as pessoas reclamando da falta de tempo. É preciso trabalhar, estudar, ler, aperfeiçoar-se, aprender os novos recursos da informática, falar vários idiomas, ter momentos de lazer, praticar atividade física, visitar exposições de arte, atender à família, aos amigos. Como é possível conciliar tantas coisas em tempo restrito? Como se obtém tempo e tranqüilidade para ler tantos livros e refletir sobre o que se aprende lendo? É o trânsito, nas grandes cidades, os pequenos e grandes problemas domésticos que não esperam, exigem solução imediata, a competitividade no mercado de trabalho, tudo concorre para nos deixar intranqüilos, atribulados e sem tempo.

Vivemos numa era de aceleração, em que a tecnologia, desenvolvida para ampliar e facilitar nossa capacidade de ação, de locomoção, de comunicação, apresenta freqüentemente seu lado negativo. Por um lado, enfrenta-se a rotina com muito mais facilidade, mas por outro não sabemos mais viver sem o computador, a geladeira, a TV, o carro, o liquidificador... Paga-se um preço altíssimo por essa evolução. O computador dá problema ou falta energia elétrica e não se consegue imprimir o texto que seria para o trabalho escolar. O pneu do carro furou e não será possível chegar em tempo à reunião de trabalho. A geladeira deixou de funcionar e todos os alimentos se estragaram. A bateria do celular se esgotou quando mais se precisava dele. De modo cada vez mais intenso nossa vida será dependente do aparato tecnológico e não podemos nos dar o luxo de prescindir dele. Ou estamos atualizados, ou ficaremos alijados da sociedade.

O grau de exigência das pessoas também aumenta progressivamente. Quando a televisão chegou ao Brasil, era um aparelho de tela pequeníssima que transmitia imagens em preto-e-branco, de programações em horários restritos. Apesar disso, todo mundo estava satisfeito com a novidade. Atualmente exigimos o maior número de canais de transmissão ininterrupta, a maior tela possível, recursos acoplados a funções computadorizadas, o videocassete, o DVD, e nos queixamos da falta de tempo para usufruir de todos os recursos.

Nossa disponibilidade de tempo não aumenta na proporção em que são criados recursos tecnológicos obrigando-nos à reflexão sobre as escolhas e sobre as renúncias. O que é mais importante? O que é essencial?A cada dia se percebe uma infinidade de novos problemas que vêm e vão como o vento, tirando-nos o foco de visão e desviando nossas energias para a resolução imediata dos contratempos.

Quem administra uma escola, por exemplo, às vezes passa boa parte do tempo enfrentando problemas corriqueiros e termina por deixar de lado o essencial; não consegue planejar, desenvolver o projeto pedagógico ou novas formas de avaliação de desempenho. É a criança que levou um tombo, o professor que faltou e deve ser substituído, a mãe que exige ser atendida imediatamente para criticar uma professora, a conta de xerox que veio alta demais, a secretária grávida que entrou em licença... E o ensino, a razão de ser da escola, termina por ser sacrificado pela pressão dos acontecimentos que atropelam, inevitavelmente, o dia-a-dia.

É a questão da meta que se impõe, do fim, do objetivo que se quer alcançar dentro dos limites que nos são impostos. O administrador de uma escola está inevitavelmente engajado nos problemas corriqueiros e deve resolvê-los com presteza. Por outro lado, espera-se dele que conduza a instituição escolar principalmente nos aspectos estruturais, gerindo com racionalidade os problemas cotidianos inerentes a sua função. Só assim ele desempenhará com alegria os encargos a que se propôs.

É ilustrativa a história dos pedreiros:

Um viajante passou por um reino onde uma multidão se ocupava de uma construção: tratava-se da construção da principal igreja do reino, e o rei a queria terminada para o casamento da filha. Erguiam-se as paredes, enta-

lhavam-se as portas; os trabalhadores, exaustos, eram como abelhas zumbindo. O viajante se dirigiu a um deles:

– O que você está fazendo?

– Eu? O senhor não vê? Empurro este carrinho sem parar um momento. À noite, estou morto de cansaço. Meu sono é um sono bruto, sem sonhos. Minha vida é só peso e fadiga.

O passante abordou outro operário:

– Que está fazendo, amigo?

– O que estou fazendo?! Empilhando tijolos. É o que faço em todas as horas. Empilho tijolos, estrago as mãos, doem-me as costas e não vejo nada diante de mim a não ser pilhas e pilhas de tijolos.

Um terceiro respondeu assim:

– Está vendo isto? Ferramenta e material. Faço argamassa, mexo nisso todo o tempo. Jamais faço outra coisa.

– Vai levar muito tempo nesse serviço?

– Que bem me importa o tempo! Quando acabar aqui este martírio, ele recomeça em outro lugar. Hoje, amanhã, daqui a dez anos, não faço outra coisa. É só mexer argamassa.

E estava um cantoneiro assobiando uma canção e batendo na pedra, para afeiçoá-la na medida certa:

– Está contente, amigo? Não lhe pesa esse trabalho de quebrar pedras?

– Cansaço? Não me fale nisso. Como posso ficar cansado se estou construindo uma catedral?

Não é preciso ser muito esperto para compreender que seremos felizes, ficaremos integrados em nosso ambiente, alcançaremos a comunhão com nossos semelhantes e atingiremos nossas metas se estivermos construindo uma catedral: a nossa alma.

O essencial consiste naquilo que não é efêmero; é o que marca uma existência, que deixa cicatriz, que fica na memória. Pelo essencial vale a pena lutar, vale a pena sofrer.

O acidental é o passageiro. Ao contrário do essencial, aparece e vai embora com muita facilidade e acontece muitas vezes no dia. Um prato que cai e se quebra é apenas um acidente que não deve tomar mais tempo do que o necessário para que se recolham os cacos esparramados. Um carro arranhado também é apenas um acidente. Uma fila que precisa ser enfrentada, uma avaliação malfeita, uma viagem cancelada. São acidentes passageiros e superáveis.

O essencial, por outro lado, requer tempo e reflexão, entrega, compreensão. A vida é essencial como essencial é a liberdade. A felicidade é essencial como essencial é o amor. E todas as manifestações de amor acabam fazendo parte da essência. A falta de afeto, de carinho, de participação dos pais na criação dos filhos pode deixar-lhes uma marca indelével que o tempo não apaga, e isso é muito mais triste do que todos os contratempos advindos de acidentes materiais.

A amizade é essencial como excelência moral. Não a falsa amizade, a interesseira; essa passa e acaba com um acidente. A amizade verdadeira é essencial; a confiança e o respeito mútuo tornam os amigos cúmplices na jornada pela construção da felicidade. O verdadeiro amigo faz parte da história do outro e se transforma na jóia mais valiosa que podemos almejar. É uma forma de amor: amar a humanidade é o sentimento de uma alma nobre. Ser solidário ou generoso é peculiar de quem encontrou em si grandes razões para a existência. O amor é entrega, é partilha, é dedicação e troca permanentes.

Nas relações profissionais, aquele que busca o essencial tenta entender momentos difíceis pelos quais passam seus colegas e subalternos. Tenta ser tolerante, razoável, compreensivo. Uma bela história, a do carvalho e os caniços, ilustra o que se quer dizer.

O carvalho, rei da floresta, ergueu bem alto a fronde impávida. Ali cantavam todos os pássaros do mundo, e o sol, antes que chegassem seus raios aos outros habitantes da floresta, acariciava-a ardentemente.

– Árvore amada minha, muito amada! Há muitos anos estás aninhada dentro do meu abraço de luz e de cor.

O carvalho alvoroçava as folhas, acenava e fazia pouco caso dos caniços que lá embaixo, anõezinhos, ficavam encostados ao tronco. Quem podia com o enorme rei da floresta?

Quando vinha o vento, o carvalho resistia, enrijecendo os galhos possantes. E lá se ia mestre Éolo, derrotado.

Mas um dia começaram os terríveis vendavais que passam ululando depois das últimas chuvas de março. A ventania assobiava furiosa na copa da aroeira. E volteava, e soprava, como um terrível ogro ensandecido. E o carvalho se mantinha impávido, pois não se dobrara nunca. Por que haveria de fazê-lo agora?

Mas, como tudo passa, o reinado chegou ao fim. Nem a petulância da árvore gigante conseguiu mantê-la firme diante da força do vendaval. O carvalho se quebrou. E de raízes para cima, gigante derrubado, parece que ainda maior na sua indescritível desgraça.

E os caniços? Os caniços lá estão como sempre. Vem a brisa, eles se curvam, muito gentis. Chega a ventania, curvam-se ainda, até o chão. Eles não resistem, o vento passa por cima. Eles têm a flexibilidade necessária para bem viver mesmo com toda a tempestade. E têm a humildade de se dobrar no momento certo...

Os mestres do judô ensinam os alunos a curvar-se como os salgueiros, e não a resistir como o carvalho.

Quando falamos em flexibilidade, devemos entendê-la sob o aspecto das questões acidentais. É preciso ser flexível com quem tem menos informação, com quem teve menos oportunidade para o desenvolvimento, com quem tem menos ou mais facilidade cognitiva. Cada ser é único e deve ser respeitado no que concerne a seus limites, seu tempo, suas escolhas e projetos. É preciso ser flexível também consigo mesmo e não transformar o perfeccionismo em doença, em amarra.

A resistência e a inflexibilidade são componentes da vida quando dizem respeito às convicções mais profundas, à firmeza de caráter, à determinação com que se escolhe um caminho, uma carreira. É aí que a inflexibilidade se torna útil e necessária. Não há fórmulas nem receitas; cada um de nós deve cultivar o discernimento para saber se curvar como o caniço ou manter-se firme como o carvalho.

Segunda Parte – Ação

Considerando que o reconhecimento da dignidade
inerente a todos os membros da família humana e de
seus direitos iguais e inalienáveis é o fundamento
da liberdade, da justiça e da paz no mundo,
Considerando que o desprezo e o desrespeito pelos direitos
humanos resultam em atos bárbaros que ultrajam a consciência
da Humanidade e que o advento de um mundo em que os
homens gozem de liberdade de palavra, de crença e da liberdade
de viverem a salvo do temor e da necessidade foi proclamado
como a mais alta aspiração do homem comum,
Considerando essencial que os direitos humanos sejam
protegidos pelo Estado de Direito, para que o
homem não seja compelido, como último recurso, à rebelião
contra a tirania e a opressão,
Considerando essencial promover
o desenvolvimento de relações amistosas entre as nações,
Considerando que os povos das Nações Unidas reafirmaram, na
Carta, sua fé nos direitos humanos fundamentais, na dignidade
e no valor da pessoa humana e na igualdade de direitos dos
homens e das mulheres, e que decidiram promover o progresso

social e melhores condições de vida em uma liberdade mais ampla,

Considerando que os Estados-Membros se comprometeram a promover, em cooperação com as Nações Unidas, o respeito universal aos direitos humanos e liberdades fundamentais e a observância desses direitos e liberdades,

Considerando que uma compreensão comum desses direitos e liberdades é da mais alta importância para o pleno cumprimento desse compromisso,

A Assembléia Geral proclama:

A presente Declaração Universal dos Direitos Humanos como o ideal comum a ser atingido por todos os povos e todas as nações, com o objetivo de que cada indivíduo e cada órgão da sociedade, tendo sempre em mente esta Declaração, se esforce, através do ensino e da educação, por promover o respeito a esses direitos e liberdades, e, pela adoção de medidas progressivas de caráter nacional e internacional, por assegurar o seu reconhecimento e a sua observância universais e efetivos, tanto entre os povos dos próprios Estados-Membros, quanto entre os povos dos territórios sob sua jurisdição.

Capítulo I

A Constituição e a LDB - Lei de Diretrizes e Bases da Educação Nacional

Hoje eu quero paz de criança dormindo
E o abandono de flores se abrindo
Para enfeitar a noite do meu bem.
DOLORES DURAN

1. A Constituição Federal de 1988

A Constituição Federal de 1988 é, sem dúvida, o grande instrumento de cidadania e dignidade da pessoa humana. Sua promulgação foi a reconquista da liberdade sem medo e, por meio dela, a educação ganhou um lugar de notável importância.

A Constituição de 1988 assegura igualdade de condições para o acesso e a permanência na escola; a liberdade de aprender, ensinar, pesquisar e divulgar toda a produção artística, intelectual; a valorização da autonomia e da participação popular; a consagração do princípio de um país plural que convive com todo o tipo de cultura e manifestação popular. Sem medo de ser diferente e com orgulho de suas peculiaridades culturais.

O inciso III do artigo 1º da Constituição Federal traz um de seus fundamentos essenciais, o da **dignidade da pessoa humana.** No parágrafo único do referido artigo, estabelece textualmente o conceito da democracia participativa:

> *Todo o poder emana do povo, que o exerce por meio de representantes eleitos ou diretamente, nos termos desta Constituição.*

O legislador constituinte optou por apresentar a participação popular, que é a base da democracia, de duas formas. A primeira, por meio de representantes diretamente eleitos pelo povo para exercer um mandato que pelo povo for conferido. A importância do voto popular, a possibilidade de votar livremente para qualquer cargo político, seja ele legislativo, seja executivo, do vereador ao presidente da República, pôs fim às situações de exceção, criadas pelo regime militar em 1964. Todos os políticos precisam da legitimidade do voto popular para exercer o poder e, periodicamente, podem tentar sua permanência por outro mandato desde que se submetam à vontade popular, que lhes confere ou não esse direito. Na democracia, o político exerce o mandato popular por tempo limitado.

Além do exercício do poder conferido aos representantes eleitos, o povo também pode exercê-lo, conforme determina a Constituição. As emendas populares, as ações civis públicas corroboram essa participação, que vem ocorrendo também nas numerosas tribunas livres das câmaras municipais, em que o munícipe pode ser ouvido diretamente pela edilidade.

As múltiplas possibilidades de participação popular demonstram a real necessidade de se investir na educação para que o povo tenha consciência de seus direitos e, portanto, condições de atuar com conhecimento de causa. Falar em uma tribuna, numa câmara municipal, requer coragem, preparo, disposição para atuar politicamente. Votar corretamente, isto é, no melhor, não naquele que promete mais benefícios imediatos ao eleitor, exige consciência social. Quem vota mal, vota contra si mesmo e contra o outro; prejudica a si e à sociedade. Quem vende o voto não tem o direito de cobrar uma atuação digna do político – ele já pagou pelo voto, com uma cesta básica, com um carro, até mesmo com dinheiro. Para mudar esse quadro nocivo à democracia, é preciso investir em educação.

A Constituição cidadã privilegia a educação como única alternativa para a construção da dignidade humana. As pessoas instruídas adquirem o conhecimento de seus direitos e deveres. Um povo que não tem consciência de seus direitos e deveres fica à mercê da boa vontade de sua classe dominante, sem instrumentos para compreender quais são suas prerrogativas e quais as do Estado. E isso não é democracia, é o arbítrio preparando seu terreno de ação.

O artigo 5º da Constituição Federal dispõe:

> *Todos são iguais perante a lei, sem distinção de qualquer natureza, garantindo-se aos brasileiros e aos*

estrangeiros residentes no País a inviolabilidade do direito à vida, à liberdade, à igualdade, à segurança e à propriedade (...)

A proteção aos direitos e às garantias fundamentais do cidadão se estende desde a igualdade entre homens e mulheres, em direitos e obrigações, até a liberdade de pensamento, credo e ideologia e ao veto à pena de morte. O objetivo é garantir à pessoa humana seu pleno desenvolvimento sem injustiça ou agressão por parte de quem quer que seja, inclusive do Estado.

De nada adiantaria todo esse elenco de salvaguardas se não houvesse a obrigatoriedade da educação, que se constitui como garantia de que o cidadão terá consciência de seus direitos a partir da aquisição de conhecimento, da instrução. Se assim não fosse, tudo ficaria apenas no papel.

No artigo 205 da Constituição Federal, o ordenamento estabelece:

A educação, direito de todos e dever do Estado e da família, será promovida e incentivada com a colaboração da sociedade, visando ao pleno desenvolvimento da pessoa, seu preparo para o exercício da cidadania e sua qualificação para o trabalho.

O artigo textualmente determina: a educação é direito de todos – ricos e pobres, negros e brancos, mulheres e homens, índios e filhos de estrangeiros, habitantes da cidade ou da zona rural. O Estado brasileiro, que se atribuiu essa obrigatoriedade, é também o responsável por fazê-la valer. A colaboração da sociedade tem o sentido de assegurar que o ensino seja compartilhado, que os projetos educacionais sejam desenvolvidos de forma consensual e participativa.

O pleno desenvolvimento da pessoa humana significa o desenvolvimento em todas as suas dimensões, não apenas do aspecto cognitivo ou da mera instrução, mas do ser humano de forma integral. Por isso o incentivo à cultura, às praticas esportivas, à convivência social, ao cuidado com o meio ambiente.

Apesar da importância da preparação para o mercado de trabalho, a Constituição deu primazia ao preparo do cidadão para o exercício da cidadania. A consciência de direitos e deveres, a possibilidade de participar de pleitos decisórios, o direito à voz, à manifestação do próprio pensamento, o preparo para a autonomia, para a independência, é a grande meta da educação. Todo conteúdo a ser ensinado só se justifica se esse objetivo for mantido. Sem esse norte amplo e irrestrito, a educação seria um instrumento de poder nas mãos de uma elite que determinaria o que a classe dos subjugados deveria saber ou deixar de saber.

A decisão arbitrária da grade curricular, por exemplo, demonstraria o desinteresse do Estado em formar agentes críticos, cidadãos plenos. Entretanto, os princípios contidos no artigo 206 da Constituição Federal são prova de que formar o cidadão é o mais importante, é o essencial:

> *Art. 206. O ensino será ministrado com base nos seguintes princípios:*

I - igualdade de condições para o acesso e permanência na escola;
II - liberdade de aprender, ensinar, pesquisar e divulgar o pensamento, a arte e o saber;
III - pluralismo de idéias e de concepções pedagógicas, e coexistência de instituições públicas e privadas de ensino;
IV - gratuidade do ensino público em estabelecimentos oficiais;
V - valorização dos profissionais do ensino, garantidos, na forma da lei, planos de carreira para o magistério público, com piso salarial profissional e ingresso exclusivamente por concurso público de provas e títulos;
VI - gestão democrática do ensino público, na forma da lei;
VII - garantia do padrão de qualidade.

São os princípios que determinam uma educação libertadora, que serão muito bem desenvolvidos na Lei de Diretrizes e Bases da Educação, como se verá mais adiante. Uma Constituição que, além de assegurar o direito de todos à educação, prevê e exige a garantia do padrão de qualidade. Esse inciso deixa claro que a obrigação do Estado não é criar vagas em todo e qualquer tipo de escola para exibir às entidades internacionais estatísticas positivas, auferidas de modo inconsistente, tanto no que concerne à evolução do aluno quanto aos índices de evasão escolar.

Além de garantir escola para todos os alunos, o Estado tem de assegurar escola de qualidade, de excelência, que prepare a criança para a vida, para a cidadania e para o mercado de trabalho. Uma escola que se destaque pela divulgação da cultura popular rica em sua diversidade natural e cultural, com características regionais que não podem ser desprezadas, que congrega em suas dimensões continentais etnias diversas que formam um povo absolutamente diferenciado em sua maneira de ser e de conviver. Padrão de qualidade é garantia de que não faltarão escolas nem professores preparados, nem bibliotecas, nem quadras esportivas, nem laboratórios, nem teatros, nem centros culturais. Não basta que o Estado construa escolas apenas para se desobrigar do dever constitucional. Não estará se desobrigando.

E se construir escolas que não possam ser freqüentadas por alunos especiais, como os portadores de deficiência, conforme determina o inciso III do artigo 208, também não terá cumprido a obrigação constitucional. O grande avanço da Constituição de 1988 foi colocar em um mesmo espaço os desiguais. Não é possível categorizar alunos e dividi-los como se fossem mercadorias Uma educação plural possibilita que os desiguais – mesmo porque não há iguais, a homogeneização do ensino é uma afronta à diversidade dos cidadãos – convivam em um mesmo ambiente e aprendam o exercício do companheirismo, desenvolvendo a capacidade de colaboração e ajuda mútua para a superação de obstáculos.

Sobre o direito à cultura, inserido no processo educacional, estabelece o artigo 215:

O Estado garantirá a todos o pleno exercício dos direitos culturais e acesso às fontes de cultura nacional, e

apoiará e incentivará a valorização e a difusão das manifestações culturais.
Parágrafo primeiro. O Estado protegerá as manifestações das culturas populares, indígenas e afro-brasileiras e das de outros grupos participantes do processo civilizatório nacional.
Parágrafo segundo. A lei disporá sobre a fixação de datas comemorativas de alta significação para os diferentes segmentos étnicos nacionais.

A Constituição Federal é a Carta Magna, a lei maior da nação brasileira. A nenhum ordenamento jurídico, nenhuma ação de qualquer poder é permitido infringir uma regra constitucional. O respeito à Constituição é o fundamento do Estado de Direito. E o ponto nuclear da Constituição Federal de 1988 é a dignidade da pessoa humana. Dignidade que só atingirá sua plenitude se a educação for universal e formadora da cidadania. Eis a exigência de um ensino com padrão de qualidade e com o comprometimento de construção de um ser humano pleno.

A partir da Constituição Federal, foram elaboradas as constituições estaduais. Cada Estado da nação estabeleceu sua vocação, seus princípios e normas. As leis orgânicas municipais, que constituem a Carta Municipal, elaborada após as constituições estaduais, também demonstram a prioridade conferida à educação. Em muitos lugares houve enorme mobilização popular para que se acompanhasse o trabalho dos vereadores.

A cultura deve ser protegida pelo Estado de muitas maneiras. O patrimônio cultural que constitui a bagagem de um povo e sua memória, identidade e modos de ação, sua forma de criar e de resistir, tudo isso terá valor à medida que for difundido e protegido pelo conhecimento da comunidade, o que se dá, principalmente, por meio da educação. Não há justificativa aceitável para a opção por uma visão histórica eurocêntrica ou norte-americana em detrimento de tudo o que há para ser conhecido, estudado, difundido, protegido, amado da cultura do Brasil. A difusão da cultura nacional e o respeito pela nossa história são fundamentais para a educação.

2. A construção da cidadania

Carta-poema

Excelentíssimo Prefeito
Senhor Hildebrando de Góis,
Permiti que, rendido o preito
A que fazeis jus por quem sois,

Um poeta já sexagenário,
Que não tem outra aspiração
Senão viver de seu salário
Na sua limpa solidão,

Peça vistoria e visita
a este pátio para onde dá
O apartamento que ele habita
No Castelo há dois anos já.

É um pátio, mas é via pública,
E estando ainda por calçar,

Faz vergonha da República
Junto à Avenida Beira-Mar!

Que imundície! Tripas de peixe,
cascas de fruta e ovo, papéis...
Não é natural que me queixe?
Meu Prefeito, vinde e vereis!
(...)

MANUEL BANDEIRA

A palavra cidadania carrega um significado ideológico que traz a exigência de direitos e garantia de uma participação efetiva na sociedade. Quando se analisa a Constituição Federal, fica-se perplexo diante das numerosas possibilidades de participação que o cidadão encontra. Na Lei tudo parece perfeito, tudo parece espelhar um país de oportunidades, de respeito e coexistência pacífica de crenças, valores, ideologias; um lugar onde a proteção à pessoa se dá de forma plena, da educação à saúde, à cultura, ao lazer, pelo acesso garantido à Justiça ou pelo direito à propriedade e a sua função social.

Os constituintes compreenderam os gritantes problemas deste país, que precisa combater e erradicar a pobreza, reduzir as desigualdades sociais e regionais e a marginalização, como determina o inciso III do artigo 3º. O inciso IV do mesmo artigo determina que um dos objetivos fundamentais da República Federativa do Brasil é promover o bem de todos, sem preconceito de origem, raça, sexo, cor, idade e quaisquer outras formas de discriminação.

Formalmente está garantida a construção de um Estado livre, democrático, fraterno, solidário, entre outros elementos dignos e nobres. Trata-se da democracia formal. O momento da elaboração da Carta Constitucional de 1988 foi propício para a introdução desses avanços na forma da lei: o Brasil se redemocratizava depois de mais de vinte anos de ditadura.

Um estrangeiro desavisado, ao ler a Constituição ou a LDB, o Estatuto da Criança e do Adolescente, o Código de Defesa do Consumidor ou o estatuto da maioria dos partidos políticos do Brasil, certamente ficaria encantado com o país perfeito que se criou. A Lei brasileira é um exemplo para o mundo. Isso significa que na forma o país conseguiu uma profunda evolução que não pode nem deve ser desprezada. Entretanto, surge um novo desafio: o de passar da democracia formal para a democracia real, o de fazer com que os princípios constitucionais sejam respeitados e aplicados, que as garantias previstas no texto constitucional e na legislação infraconstitucional saiam do papel e se convertam em direitos concretos, para que o bem-estar da população se dê em todos os níveis sociais e regionais. Evidentemente, há leis com problemas, há algumas antiquadas, mas no geral, o problema não está na lei, está na conduta do cidadão.

É no município que começa o exercício de uma consciência de participação, pois o cidadão que nele mora enxerga de perto os problemas da sua comunidade, tem acesso mais direto aos administradores e, por isso, precisa dar sua parcela de contribuição para que a máquina administrativa funcione e as verbas públicas sejam bem aplicadas.

A Lei prevê o orçamento de que dispõe o administrador público com a educação. Entretanto, se o dinheiro está sendo bem gasto e se o padrão de qualidade estipulado legalmente está sendo implementado, só poderá ser detectado pelo destinatário final dos benefícios garantidos no papel, ou seja, pelo cidadão. Por isso é imperativa a participação popular. A crítica à inoperância da máquina estatal e à omissão dos governantes é um dever do cidadão; a responsabilidade deve ser partilhada: o Estado é o gerente contratado pelos cidadãos e pago pelos impostos que todos recolhem.

Ao Estado é conferida a responsabilidade de fazer valer a Lei e, ao cidadão, a de zelar pela boa conduta do Estado na implementação do que é direito de todos. Não é preciso subir numa tribuna e discursar; o poeta Manuel Bandeira usou o instrumento de que dispunha para pedir ao prefeito a limpeza pública e o calçamento da rua em que morava: a fina ironia transformada em poesia.

Há algo além da Lei que pode ser desenvolvido através da educação: a formação ética de um cidadão. Ética como valor de convivência em sociedade, como busca do bem comum, da liberdade social. Ética não apenas como um código de conduta em que se define o que é correto e errado em relação a determinado grupo – se assim fosse, seria possível dizer que os traficantes têm sua ética, os ladrões de banco, a sua; os bicheiros, outra ética.

Ética é código de conduta, sim, mas visa a um fim comum, o bem social, o que leva ao bem-estar coletivo. A falta de lisura de alguns políticos no que concerne à coisa pública é tão condenável quanto o desrespeito e a falta de seriedade do cidadão comum em relação a seus concidadãos. São pequenos ou grandes gestos que tornam a vida dos outros um inferno. Desde a impaciência e a arrogância de passar à frente de alguém em uma fila até a falta de consciência ao jogar lixo na via pública, ao adulterar um equipamento que se quer vender para fazê-lo passar por bom, ao não desligar o celular no cinema ou no teatro, ao fugir à responsabilidade em qualquer circunstância, seja emitindo um cheque sem fundos, seja desrespeitando uma faixa de pedestres. Troco a mais não se devolve, como não devolverá o vendedor que tiver recebido a mais. Caso se possa burlar a placa do carro para evitar multas, tanto melhor; senão, uma gorjeta ao guarda para que não veja as irregularidades.

Corrupção é um termo que facilmente se aplica a um homem público porque ele está em evidência e nos parece distante; mas é preciso reconhecer que a deslealdade com o semelhante é praticada sem constrangimento em todos os níveis de nossa sociedade. De que adianta a lei municipal que proíbe a presença de casas comerciais em determinado bairro se existe a propina para decisões em contrário? Corrupto é quem recebe e quem paga a propina; quem exige e quem dá.

É cômodo atirar pedras no político desonesto e, no anonimato, proceder com igual falta de escrúpulos com o semelhante, com o vizinho, o cliente, o patrão. Isso é o que se caracteriza como falta de educação para a ética, para a cidadania, valores que passam a ser banalizados, pois ninguém os ensina. Todos querem levar vantagem, ainda que ínfima. A falta de ética generalizada gera uma sociedade cuja convivência se torna quase insuportável e a desconfiança passa a ser lema de sobrevivência.

Onde impera a falta de ética, o incremento de bens e serviços, em vez de servir ao progresso, aumenta as possibilidades de fraude, de ilicitude. O que está fazendo a escola para prevenir essa conduta? Sobre o que discorrem os professores diante desse quadro? Quanto tempo é destinado na grade curricular para a construção de valores dignificantes? Conselhos dificilmente encontram eco na mente dos alunos. Diferentemente de tantas outras atividades da vida humana, a educação não tem acompanhado a evolução, a mudança rápida de costumes a que temos assistido.

Há uma história de autor desconhecido que ilustra a mesmice de temas e métodos na educação.

A VOLTA DE UM PROFESSOR DO SÉCULO XVIII

Teixeira, um grande professor do século XVIII, magicamente visita o século XXI. Ficou abismado com o que viu: as casas eram altíssimas e cheias de janelas, as ruas eram pretas e passavam umas sobre as outras, com uma infinidade de máquinas andando em velocidade; o povo falava muitas palavras que o professor Teixeira não conhecia (poluição, telefone, avião, rádio, metrô, cinema, televisão, computador, internet...).

As roupas que as pessoas vestiam deixavam o professor Teixeira ruborizado. Tudo havia mudado! Muito surpreso e preocupado, visitou a cidade toda e compreendia, cada vez menos, o modo de vida daquela gente moderna.

Resolveu então visitar uma igreja. E que susto levou! O padre rezava a missa não em latim, mas em português e de costas para o altar; o órgão estava mudo e um grupo de cabeludos tocava nas guitarras uma música estranha, em vez do canto gregoriano.

O desespero do professor aumentava. Visitou algumas famílias. Mas... o que significava aquilo? Antes, durante e depois do jantar, todos adoravam um objeto esquisito que mostrava imagens e emitia sons. Ele ficou impressionado com tanta capacidade de concentração e de adoração!!! Ninguém proferia uma palavra diante do objeto.

Tudo havia mudado completamente, e ele não reconhecia nada, até que resolveu visitar uma escola. Foi uma idéia sensacional porque, quando lá chegou, encontrou o que procurava: tudo continuava da mesma forma como ele havia conhecido – as carteiras enfileiradas umas atrás das outras, o professor lá na frente falando, falando, falando, e os alunos escutando, escutando, escutando...

Para construir a cidadania, urge que o professor utilize outros métodos e traga à baila discussões que despertem em seus alunos tanto ou mais interesse que a TV. As novas tecnologias empregadas pedagogicamente estão à disposição do professor. Da internet à sucata, muito se pode utilizar para envolver o aluno e discutir com ele questões contemporâneas condizentes com os problemas que enfrenta no dia-a-dia, que se relacionam com sua capacidade de melhor conviver em sociedade, que dizem respeito a aspectos aparentemente simples, mas são de uma complexidade impressionante.

Em uma sociedade em que os condomínios proliferam, a dificuldade na convivência se manifesta em cada pequeno aspecto do dia-a-dia. Dezenas, centenas de pessoas das mais diversas formações, de diferentes níveis escolares e idades, de valores completamente antagônicos acabam utilizando os mesmos espaços e serviços. E devem se respeitar. Nos transportes públicos ou nas vias das cidades cruzam-se as mais diferentes tribos, gostos, opções sexuais, partidos políticos, times de futebol, cada qual com a sua convicção, seus medos e suas manias. Uns cantarolando, outros lendo livros, outros contando os carros que passam, outros dormindo ao relento, outros apressados tentando não se distrair com a paisagem, outros observando, sorrindo, xingando, outros se enrolando em cobras para ganhar dinheiro, outros gritando que a salvação está próxima e o Senhor está voltando. Os que têm para onde ir e os que estão para ficar por aí. E todos no mesmo espaço.

E na praia, cada barraca de um jeito; há quem nem goste de barraca nem de quem a leve. E há quem queira a emoção de um jet-ski e há quem odeie o seu barulho e dos vendedores ambulantes e prefira o silêncio. E há pessoas que vendem tudo, e gente sentada lendo, e gente paquerando, e gente querendo apenas sol e sossego, e gente olhando para todo lado e procurando alguma companhia. E todos no mesmo espaço. E poderia se falar das feiras, das quermesses, dos cultos religiosos, dos comícios, dos shows, de tantos e tantos momentos em que o espaço é dividido. Como se dá a convivência? O respeito pela cidade precisa se estender ao respeito pelo cidadão. Se é preciso que se cuide do espaço público, mais ainda será preciso que se respeite o espaço do outro ou o espaço comum.

A educação para a ética prepara o ser humano para o equilíbrio de aceitar que não devem prevalecer as vontades individuais e que o bom senso determinará o ponto consensual. Isso é a ética – um código, uma opção comum, um interesse de todos para que o que é de todos seja preservado, que o bem seja buscado e cada um entenda que acima de seus caprichos há uma humanidade. O cidadão consciente sabe como usar o banheiro público, como se comportar em um restaurante ou em um culto religioso. É preciso respeitar os espaços e as pessoas. A cidadania não é um direito solitário, é a arte da convivência social e, por isso, nem tudo o que é agradável pode ser feito. O acesso à informação e à educação conduz a uma forma de viver mais harmônica.

O ser humano é social, mas não nasce preparado para viver em sociedade. O papel dos pais, na primeira infância, é o de conter os ímpetos desmedidos do pequeno: não comer em demasia, não gritar, não usar de violência contra o que quer que seja, ensinar a respeitar e a preservar a si mesmo em primeiro lugar, para entender o que significa respeitar os demais. A educação é um processo lento de lapidação de uma pedra bruta de inestimável valor, que precisa ter um grande número de facetas polidas que a façam brilhar, que realcem sua beleza intrínseca.

O grande desafio do educador é convencer o educando a valorizar o bem comum, a boa convivência, a responsabilidade partilhada, na esperança de um mundo cada vez melhor para esta e para as gerações que virão. A ganância, em qualquer profissão ou ocupação, é obstáculo para o exercício da cidadania. Quem tudo quer não se preocupa com o outro, acaba se trancafiando em seus interesses e fazendo mal a si e ao semelhante porque também não foi educado para viver eticamente.

A tolerância com a corrupção alheia também é sintoma de falta de ética. A garantia do futuro ou da vida não se dá apenas com o dinheiro, dá-se com a dignidade, a tranqüilidade de não ter feito mal a outrem e de poder olhar para os filhos, para os pais ou para os amigos sem baixar os olhos, pois se está com a consciência em paz.

Eis o princípio básico da construção da cidadania: educar para a convivência pacífica, harmônica, feliz. Educar para o respeito, para a troca de experiências, para o exemplo no trato com o outro e consigo mesmo. Educar para que todas as vicissitudes sejam enfrentadas com galhardia. Essa responsabilidade não é apenas da escola, é de toda a sociedade, a começar pela família, primeiro espaço de convivência em que os pais se tornam modelos, mitos, exemplos. Depois dos pais, os professores, cuja atitude pode influenciar, moldar. Também os clubes, as igrejas, as associações podem contribuir para formar uma pessoa responsável e engajada nos interesses da comunidade.

É preciso considerar que o cidadão precisa amar sua cidade. Cidade em sentido amplo, cidade que pode ser país. Não se compreende o ensino que não incentive o respeito e a defesa da nação. Boa parte dos brasileiros despreza tudo que é nacional, como se nossa arte, cultura, história fossem inferiores às de outros povos ou como se fôssemos os únicos a ter problemas de corrupção, de violência ou de desigualdade social. Nada contra os estrangeiros nem contra a arte importada, mas há muito a se valorizar neste país, o que o brasileiro só conseguirá fazer quando conhecer sua história e sua cultura. Criticar faz parte do exercício da cidadania, mas a crítica construtiva e consciente, que visa à melhoria, e não a crítica vazia de propósito.

A educação será sempre privilegiada quando a questão for o exercício dos direitos e deveres de cada um e de todos e, acima de tudo, quando a questão for o exercício da plena cidadania.

3. A lei de Diretrizes e Bases da Educação Nacional

No tempo em que festejavam o dia dos meus anos,
Eu era feliz e ninguém estava morto
Na casa antiga, até eu fazer anos era uma
tradição de há séculos.
E a alegria de todos, e a minha,
estava certa como uma religião qualquer.
No tempo em que festejavam o dia dos meus anos,
Eu tinha a grande saúde de não perceber coisa nenhuma.
De ser inteligente para entre a família,
E de não ter esperanças que os outros tinham por mim.
Quando vim a ter esperanças, já não sabia ter esperanças.
Álvaro de Campos

A Lei de Diretrizes e Bases da Educação é a Lei nº 9394/96. A partir de 1948, com a Declaração Universal dos Direitos Humanos, grande parte dos países passou a rediscutir seus projetos educacionais, demonstrando a tomada de consciência de que a igualdade perante a lei só se dará à medida que todos tiverem assegurados os direitos fundamentais, especialmente no que se refere à educação.

O artigo XXVI textualmente afirma:

Toda pessoa tem direito à instrução. A instrução será gratuita, pelo menos nos graus elementares e fundamentais. A instrução elementar será obrigatória. A instrução técnico-profissional será acessível a todos, bem como a instrução superior, esta baseada no mérito.
A instrução será orientada no sentido do pleno desenvolvimento da personalidade humana e do fortalecimento do respeito pelos direitos humanos e pelas liberdades fundamentais. A instrução promoverá a compreensão, a tolerância e a amizade entre todas as nações e grupos raciais ou religiosos, e coadjuvará as atividades das Nações Unidas em prol da manutenção da paz.
Os pais têm prioridade de direito na escolha do gênero de instrução que será ministrada aos seus filhos.

A importância desse artigo, e de tantos outros da Carta das Nações Unidas, encontra eco na necessidade de uma convivência pacífica entre as nações que poderá ser efetivada com maior sucesso na medida em que a educação estiver formando cidadãos capazes de conviver em um mundo plural, com respeito à diversidade de credos, de cultura.

Não se trata de uma tentativa de uniformização da educação apenas pelo fato de sua previsibilidade estar em uma Carta internacional. A uniformização é exigida no acesso à educação, entretanto, qualquer tentativa de tornar o ensino universal único seria um atentado contra o direito cultural e as raízes históricas de cada povo.

Os dois primeiros artigos da Carta asseveram:

> *Artigo I – Todas as pessoas nascem livres e iguais em dignidade e direitos. São dotadas de razão e consciência e devem agir em relação umas às outras com espírito de fraternidade.*
> *Artigo II – Toda pessoa tem capacidade para gozar os direitos e as liberdades estabelecidas nesta Declaração, sem distinção de qualquer espécie, seja de raça, cor, sexo, língua, religião, opinião política ou de outra natureza, origem nacional ou social, riqueza, nascimento ou qualquer outra condição.*

O respeito à pessoa, independentemente de sua origem, de sua opinião, língua, raça, credo, status financeiro. O tributo é à pessoa humana, que merece respeito e dignidade por essa condição. Pelo ser que possui o atributo da vida, da liberdade, da inteligência. Vai mais além, ao espírito de fraternidade. É a legislação internacional tratando do afeto, em co-responsabilidade, para construir justiça social.

A Carta traz outros elementos fundamentais, como a inadmissibilidade da tortura, escravidão ou servidão, dos castigos físicos, desumanos ou degradantes. Trata-se de um marco na penosa caminhada pela construção de um mundo mais pacífico. Pelo menos em intenção, demonstra-se claramente uma evolução no que concerne à civilidade e à humanidade de sentimentos.

Como se sabe, a distância entre a intenção e a execução pode ser grande. O que reza a Carta das Nações Unidas está longe de acontecer. Mas, de qualquer forma, é um mecanismo internacional que motiva os legisladores do mundo todo a refletir, ao elaborar as respectivas legislações internas, tendo como parâmetros conceitos de grandeza e dignidade previamente acertados por tantas nações signatárias.

A Constituição de 1988, como já se disse anteriormente, foi um marco na reconquista da cidadania. Nela a educação ganhou espaço de relevância.

A Lei 9394, de 20 de dezembro de 1996 – a LDB –, tem enorme importância para a concretização desses ideais e princípios constitucionais. Vários artigos demonstram essa preocupação com uma educação mais abrangente que desenvolva a autonomia do aluno, o conceito do "aprender a aprender", da aprendizagem continuada.

Dentro dos objetivos a que se propõe este livro, apenas os três primeiros artigos da LDB serão comentados. No primeiro deles, a LBD já quebra um paradigma, tratando da abrangência do termo educação. Em um conceito de cidadania, a educação não é atributo apenas da escola, ela ocorre em todos os ambientes possíveis em que se travam o processo de aprendizagem continuada.

> *Artigo 1º - A educação abrange os processos formativos que se desenvolvem na vida familiar, na convivência humana, no trabalho, nas instituições de ensino e pesquisa, nos movimentos sociais e organizações da sociedade civil e nas manifestações culturais.*

Na vida familiar dá-se o primeiro contato do cidadão com o mundo. O exemplo materno e o paterno, a alimentação, os sons recebidos do mundo externo, os mitos que começam a se formar, os medos, as ambições, o aprendizado da linguagem. Esse processo continua por toda a vida. Mesmo que as relações familiares mudem, que os filhos decidam morar sozinhos, não há como negar que por toda a vida se carrega a estrutura básica obtida na formação da infância, que se dá fundamentalmente na família. Em muitos casos, essa convivência aprisiona, forma seres preconceituosos, medrosos. Em outros, o ambiente proporciona a harmonia e a alegria. De qualquer forma são marcas que podem ser trabalhadas, evoluídas, mas acompanharão o indivíduo.

A convivência humana, que de certa forma é bastante abrangente, refere-se àquela que se dá com os vizinhos, os amigos, os sócios do clube; dá-se nos contatos que contaminam positiva ou negativamente a personalidade que se encontra em formação. Os exemplos dos mais próximos ou dos ídolos, mesmo que distantes; as novelas, os filmes, os atletas – modelos de dignidade ou de agressividade e violência. Não há como trancafiar o indivíduo entre quatro paredes para que não receba influências externas; ao contrário, é preciso prepará-lo para que, na aquisição gradativa do senso crítico, saiba separar o joio do trigo.

O trabalho como espaço de realização pessoal e profissional. Antigamente alegava-se que se estudava para a aquisição das condições necessárias para o mundo do trabalho. Isso é apenas meia verdade, porque o processo de aprendizagem não cessa no mundo do trabalho. Muito pelo contrário, a atividade prática auxilia a aprendizagem significativa. É ministrando aulas que se aprende a dar aula. É clinicando que se aprende a clinicar. É dirigindo automóvel que se aprende a dirigir. A isso se dá o nome de "experiência". Obviamente há que exigir preparo anterior. Ninguém enviará um jovem despreparado para uma sala de cirurgia para aprender a operar. Aprende-se trabalhando, sob instrução e orientação, e na aprendizagem se trabalha. Não são momentos dicotômicos.

Nas instituições de ensino e pesquisa, que não representam o único espaço possível de desenvolvimento da aprendizagem, mas que são o esteio do processo educacional. A lei não acresce importância à educação escolar, confere uma carga de responsabilidade muito maior às instituições de ensino ao atribuir-lhes a gerência de todo o processo de aprendizagem, que ocorre de múltiplas maneiras e em múltiplos lugares.

A educação escolar não pode estar desvinculada do mundo do trabalho nem da prática social, incluindo-se as experiências pessoais dos alunos e os fatos relevantes da atualidade. Se há a iminência de uma guerra, mesmo que o tema da aula seja outro, é preciso abordar o assunto em classe para que os alunos sintam que a escola é um organismo vivo. Se houve um tumulto durante um jogo de futebol em determinado estádio, uma rebelião em um presídio, um fenomenal assalto a banco, é preciso que o educador aborde essas questões e as coloque em debate: havia segurança no estádio? O que provocou a rebelião entre encarcerados? O crime organizado é um fenômeno mundial ou localizado?

Os movimentos sociais e as organizações da sociedade civil são muitos e de naturezas diferentes. O partido político, o clube, as organizações não-governamentais, os ambientes de solidariedade, enfim, há uma infinidade de oportunidades de engajamento e discussão de valores em que o ser humano vai buscando afinar suas idéias, unir-se a pessoas que têm ideais semelhantes e se colocam nas mesmas lutas empunhando as mesmas bandeiras. São oportunidades que apresentam chances de profundo aprendizado em que, muitas vezes, se abre mão de vontades individuais em prol de um ideal. Trata-se do exercício da vida social, fundamental ao homem.

As manifestações culturais – que riqueza cultural possui este país continental: das grandes manifestações de massa, como o carnaval, até as antigas festas populares que resistem em pequenas cidades do interior. As escolas de samba demonstram a beleza da arte e da organização. Os grupos de dança, as manifestações folclóricas, os rituais populares. A aula viva que é a visita ao Pelourinho, em Salvador, ou às cidades históricas das Minas Gerais; as cantigas de Pernambuco, as tradições dos pampas sulistas, as culturas indígenas nas regiões Norte e Centro-Oeste do Brasil. O pulmão do mundo – a Amazônia –, motivo de querelas internacionais. As festas do Divino Espírito Santo, do bumba-meu-boi, as congadas, reisadas, os rituais dos pescadores e dos caipiras pelo litoral ou interior adentro. São grupos de resistência, que continuam fazendo história em rincões espalhados por todos os cantos deste país, perpetuando a cultura recebida dos ancestrais, em demonstrações de afeto e reverência.

O artigo 2º da LDB, situado no Título II – Dos princípios e fins da educação nacional, traz uma tríplice natureza para a educação:

Artigo 2º: A educação, dever da família e do Estado, inspirada nos princípios de liberdade e nos ideais de solidariedade humana, tem por finalidade o pleno desenvolvimento do educando, seu preparo para o exercício da cidadania e sua qualificação para o trabalho.

O pleno desenvolvimento do educando. Pleno significa o oposto da visão conteudista ou reducionista, que tem como foco apenas o desenvolvimento da habilidade cognitiva. Trata-se de ampliar a responsabilidade da educação para as habilidades sociais e psicológicas, priorizando a afetividade, o equilíbrio, a convivência plural. O ensino não pode ser verticalizado e resolver-se no que deva ser memorizado pelos alunos com o objetivo de aprová-los ou conferir-lhes diplomas.

Preparo para o exercício da cidadania, em obediência à Carta da ONU e à Constituição Federal de 1988. Trata-se de formar um cidadão – não um mero receptor passivo –, um membro da sociedade com visão de liderança, de participação, de intervenção que não esteja alijado de processos decisórios porque sabe como intervir em questões de seu interesse e da sua comunidade, que por isso é crítico, é atuante, é responsável. Um cidadão que lute para que o profundo abismo entre incluídos e excluídos seja diminuído e, quem sabe um dia, eliminado. Um cidadão que não seja iludido com promessas vãs nem tentado a vender sua consciência, ou seja, homens e mulheres livres.

Qualificação para o trabalho. Qualificar para o trabalho é preparar pessoas desde a tenra idade não para um resultado imediato, mas para a realização de objetivo concreto de médio e longo prazo. É fazer com que o aluno desenvolva projetos de modo a antecipar a habilidade e a responsabilidade a ser aplicadas no mercado de trabalho. Projetos em que os jovens executem uma função para obter um produto, enfrentando e superando cada obstáculo, executando com responsabilidade cada uma das etapas requeridas, como um trabalhador. Terão dificuldades, terão desejo de desistir do projeto, mas ao superar as dificuldades terão o prazer de atingir a meta, de ver o fruto do próprio empenho. Trata-se de qualificar ou preparar para o mundo do trabalho, trabalhando.

O artigo ainda traz a inspiração para os princípios da liberdade e os ideais de solidariedade humana. O ambiente heterogêneo e plural da escola tem todas as condições de auxiliar o educando a trabalhar com o conceito de pluralidade. Nada mais é preciso para atingir a felicidade senão a consciência da liberdade individual e da liberdade compartilhada, ou seja, a solidariedade.

O artigo 3º da LDB, ainda dentro do Título II, dispõe:

O ensino será ministrado com base nos seguintes princípios:
I. Igualdade de condições para o acesso e permanência na escola;
II. Liberdade de aprender, ensinar, pesquisar e divulgar a cultura, o pensamento, a arte e o saber;
III. Pluralismo de idéias e de concepções pedagógicas;
IV. Respeito à liberdade e apreço à tolerância;
V. Coexistência de instituições públicas e privadas de ensino;

VI. Gratuidade do ensino público em estabelecimentos oficiais;

VII. Valorização do profissional da educação escolar;

VIII. Gestão democrática do ensino público, na forma desta Lei e da legislação dos sistemas de ensino;

IX. Garantia de padrão de qualidade;

X. Valorização da experiência extra-escolar;

XI. Vinculação entre a educação escolar, o trabalho e as práticas sociais.

Merece também comentário cada um dos itens.

Igualdade de condições para o acesso e permanência na escola é um imperativo. Não se trata de norma programática, aquela que ninguém cumpre e acaba servindo para inibir outra legislação hierarquicamente inferior. Trata-se da igualdade no sentido de se oferecer vagas suficientes em número, distribuídas de modo a que se possa matricular a criança em escola próxima à sua residência e criar condições de ensino que motivem o aluno a permanecer na escola. Infelizmente não é o que temos visto acontecer; há uma multidão de brasileiros que não chegam à escola ou, quando chegam, a abandonam ao enfrentar as primeiras dificuldades, seja de transporte, seja de falta da merenda.

Liberdade de aprender, ensinar, pesquisar e divulgar a cultura, o pensamento, a arte e o saber. Trata-se de princípio constitucional: a liberdade de construir um processo de aprendizagem em um ambiente democrático, em que as batalhas travadas pelas ideologias diferentes sejam estimuladas de modo positivo, para a edificação da autonomia do aluno.

Pluralismo de idéias e concepções pedagógicas. É comum que alguns educadores filiem-se a determinada concepção pedagógica e reneguem as demais. Ora, pode-se dizer que o educador do século XXI é privilegiado, tem à sua disposição uma história milenar de métodos e sistemas educacionais já experimentados, discutidos, enriquecidos, dos quais se pode fazer sínteses, sem radicalismos. O pluralismo solidifica o conceito de pesquisa e de abertura do educador e do educando.

Respeito à liberdade e apreço à tolerância. Quanto mais cresce o conceito de democracia, mais aumentam as chances de convivência pacífica, de respeito às minorias, à luta contra o preconceito e à discriminação. O multiculturalismo é o caminho evolutivo para a convivência entre os desiguais.

Coexistência de instituições públicas e privadas de ensino. A possibilidade de a iniciativa privada oferecer serviços na área educacional amplia as opções dos pais que podem pagar pela educação dos filhos, escolhendo entre diferentes propostas pedagógicas ou ensino religioso, por exemplo, uma vez que a escola pública é laica. O que nos falta, talvez, é a parceria sistemática entre as escolas da rede pública e as da rede privada, que deveria ser incentivada como mecanismo de troca de experiência e de auxílio mútuo.

Gratuidade do ensino público em estabelecimentos oficiais. O Estado brasileiro reconhece a educação como uma de suas funções primordiais, por isso se arroga a obrigação de oferecer gratuitamente o ensino. A gratuidade não faculta ao Estado abster-se das críticas que venham a ser feitas por pais e mestres quanto às condições do ensino que oferece.

Valorização do profissional da educação escolar. Essa questão será amplamente tratada em capítulo à parte. Entretanto, apenas antecipando, a alma de qualquer instituição de ensino é o professor, com todo o valor que reconhecemos no papel do diretor de escola, dos secretários e funcionários administrativos, que têm importância fundamental.

Gestão democrática do ensino público, na forma desta Lei e da legislação dos sistemas de ensino. Diz respeito à participação da sociedade civil, por meio da associação de amigos do bairro e da família, por exemplo, no processo gestor do ensino. Com isso tem aumentado muito a participação da Associação de Pais e Mestres (APM). O diretor de escola não pode ter uma postura autocrática. Desde os órgãos decisórios até a sala de aula, a construção da cidadania depende da possibilidade de que se tenha voz e vez. Não significa que inexista punição ou autoridade. Esses são elementos que continuam a viger, mas de forma negociada, discutida, ampliada.

Garantia de padrão de qualidade. A qualidade é uma exigência do mundo competitivo. Mesmo nas escolas públicas, aquele que recebe o benefício do ensino, o aluno, tem o direito e o dever de reclamar quando julgar procedente a razão de sua insatisfação. O padrão de qualidade se mede por numerosos fatores que vão desde a concepção pedagógica, passando pelos interventores do processo educacional, até a qualidade material e à infra-estrutura do ambiente, necessários à aprendizagem digna.

Valorização da experiência extra-escolar. Não se pode mais conceber o currículo engessado com uma grade formal e antiquada. O saber não é exclusividade dos mestres ou dos livros didáticos. O aluno não é um depósito de informações e de teorias do conhecimento. A experiência extra-escolar pode ser muito rica, por isso deve-se estimular o convívio entre os familiares dos alunos, a troca de experiências com a comunidade, a curiosidade pelas muitas e diferentes histórias de vida.

Vinculação entre a educação escolar, o trabalho e as práticas sociais. Novamente o conceito do aprender a aprender: o processo de aprendizagem nunca cessa. Se o aluno for apenas um recebedor de conhecimento, não desenvolverá as habilidades fundamentais para a vida profissional e social. Aprender a aprender significa priorizar o processo de valorização do aluno como um pesquisador, desde a tenra infância e pela vida toda.

Como se pode notar, a LDB representa um grande avanço para a educação brasileira. Evidentemente essa lei apresenta problemas, traz ainda uma enorme carga de tradicionalismo, de corporativismo, o que não seria de estranhar, apesar do esforço sobre-humano do saudoso senador e grande educador brasileiro Darcy Ribeiro.

Com todos os problemas, o princípio nuclear da Constituição Federal de 1988 foi acatado e valorizado, ou seja, a dignidade da pessoa humana. Dignidade que se alcançará com um projeto educacional que garanta a formação cidadã à população brasileira.

Capítulo II

Os atores do processo educacional

Não gosto de falar da infância. É um tempo de coisas boas, mas sempre com pessoas grandes incomodando a gente, estragando os prazeres. Recordando o tempo de criança vejo por lá um excesso de adultos, todos eles, mesmo os mais queridos, ao modo de soldados e policiais do invasor, em pátria ocupada. Fui rancoroso e revolucionário permanente, então. Já era míope, e nem mesmo eu, ninguém sabia disso. Gostava de estudar sozinho e de brincar de geografia. Mas tempo bom de verdade só começou com a conquista de algum isolamento, com a segurança de poder fechar-me num quarto e fechar a porta. Deitar no chão e imaginar estórias, poemas, romances, botando todo mundo conhecido como personagem, misturando as melhores coisas vistas e ouvidas.

Guimarães Rosa

1. O aluno

Incultas produções da mocidade
Exponho a vossos olhos, ó leitores:
Vede-as com mágoa, vede-as com piedade,
Que elas buscam piedade, e não louvores.

Ponderai da Fortuna a variedade
Nos meus suspiros, lágrimas e amores;
Notai dos males seus a imensidade,
A curta duração de seus favores.

E se entre versos mil de sentimento
Encontrardes alguns, cuja aparência
Indique festival contentamento,

Crede, ó mortais, que foram com violência
Escritos pela mão do Fingimento
Cantados pela voz da Dependência.

BOCAGE

O aluno é aquele que, em linhas gerais, está sendo avaliado pelo desenvolvimento formal de suas habilidades. Diz-se formal porque é em uma instituição de ensino que se armazenam todos os dados necessários para o acompanhamento da vida estudantil de cada aluno.

Mesmo inserido em um ambiente escolar, o aluno não deixa de lado suas características, suas peculiaridades individuais, que são marcas da riqueza humana que deve ser explorada em sala de aula. Cada um é singular, daí que qualquer tentativa de homogeneização do ensino se traduza em fracasso. Os termos comparativos não levam a lugar algum. Aquele malfadado costume de dar prêmio aos melhores alunos e apontar os piores alunos para que sirvam de modelo, respectivamente a ser seguido e a ser evitado, não tem absolutamente nada de educativo.

O conceito de melhor ou de pior não combina com a visão holística que se propaga hoje para a educação e a vida. As múltiplas habilidades demonstram que o melhor em matemática nem sempre o será em português ou em música ou em dança ou em oratória. O escultor não necessariamente é um profundo conhecedor de química inorgânica e o escritor pode não ser perito em análise sintática. Um dos maiores escritores de todos os tempos, o francês Gustave Flaubert, permaneceu analfabeto até quase os 10 anos de idade, tido por deficiente mental. Sartre escreveu um ensaio a esse respeito, chamado "O idiota da família", em que discorre sobre os métodos de ensino aplicados ao menino Flaubert que o tornaram refratário ao aprendizado das primeiras letras.

O aluno está sujeito a todo tipo de comparação e contra ele paira a pecha de indisciplinado, rebelde, alienado, fruto da natural inquietude juvenil. Em verdade, o aluno, mesmo que seja um sujeito ativo do processo de aprendizagem, precisa de orientação, precisa de líderes que possam conduzi-lo a caminhos razoáveis de desenvolvimento pessoal. Para isso a autonomia tem de ser respeitada, a experiência que cada aluno traz de seu universo pode ser um laboratório espetacular para o professor. As histórias de vida servem como sinalizadores do potencial que o aluno possui.

Trata-se da chamada maiêutica socrática. Sócrates, filósofo grego, reunia seus discípulos e incitava-os ao "parto das idéias". Dizia que um mestre deve fazer como fazem as parteiras: não fazem o bebê, elas apenas auxiliam o nascimento das criaturas que já estão prontas no ventre materno. Mestre não é aquele que faz as idéias de seus discípulos, é o que os auxilia na gênese e na gestação dessas idéias.

Por mais incorreto que seja o ponto de vista de um aluno, ele merece respeito, até para que possa aprender a apurar suas opiniões. O professor que imediatamente e de forma abrupta afirma que o aluno errou, caso este apresente um dado incorreto, pouco estará contribuindo para o aperfeiçoamento do raciocínio desse aluno, ao passo que se investir tempo para entender o que o levou a incorrer em erro, poderá ajudá-lo a construir outro raciocínio e a constatar de forma tranqüila onde estava o engano.

Respeito ao aluno é o elemento fundamental a ser obedecido se se quer formar uma geração com capacidade simultânea de sonhar e de executar, uma geração que imagine utopias e lute para a concretização delas; que se imponha metas e não tenha medo de tentar atingi-las, em qualquer idade.

O que costuma dificultar essa visão integral e afetiva são os muitos paradigmas, as amarras, os costumes tradicionais de não se valorizar a vivência do aluno, sua história, sua vivência pessoal. Há alguns mitos que precisam ser quebrados com relação aos alunos e à sala de aula:

1) "Esta sala de aula é um problema"

Toda sala de aula é ao mesmo tempo um problema e uma solução.

Não é possível utilizar em uma classe os mesmos métodos ao longo dos anos. Pode ser que com determinada turma a forma ideal de tratamento dos mais diferentes temas tenha encontrado eco, ao passo que com outra turma, da mesma idade, na mesma escola, não se consiga sequer prender sua atenção. A questão não é da classe, da turma, é do professor; é dele que se espera maturidade e preparo para rever seu método e buscar outras maneiras de envolver os alunos. É muito cômoda a posição do professor que se defende do fracasso de sua relação com a sala culpando os alunos. O desafio está em saber que a cada nova turma surgem outras experiências de vida, outros anseios, outras expectativas. Em suma, é preciso saber que tudo muda e, se assim é, a forma de dar aula também tem de mudar.

2) "Esse aluno não aprende"

O processo de aprendizagem é complexo e qualquer radicalização cria um fosso intransponível. Todo aluno traz uma carga de experiências ruins da própria família:

são bloqueios, medos, ansiedades e outros traumas que atrapalham o processo de aprendizagem porque geram insegurança. É preciso se dispor a conhecer cada um deles para auxiliá-los. Alguns, aparentemente, estão mais aptos para o aprendizado, demonstram-se interessados, participativos; outros apresentam mais dificuldade, não querem conversar, ler, participar, mas nem por isso devem ser deixados de lado. É preciso tentar conhecê-los para auxiliá-los. Alguns professores, erroneamente, forçam esses alunos mais tímidos à participação por meio de ameaças ou de atitudes de sarcasmo e ironia. Evidentemente não há nada de educativo nesse tipo de postura. É preciso lembrar que, ao escolher a profissão de educador, como a de médico ou sacerdote, o professor está comprometido com a sensibilidade humana.

3) "São um bando de mal-educados que não querem nada com a vida"

Há determinada fase em que os alunos apresentam um cansaço natural. Aparentemente estão distantes. São obrigados a acordar cedo, são empurrados a ir para uma escola que não os seduz; freqüentemente têm uma agenda massacrante de aulas de natação, de inglês, de dança, de música. Essa rotina pode torná-los apáticos, por um lado, ou irreverentes em relação à aula. O professor precisa transformar a matéria que ministra em algo participativo, gostoso, empolgante, e seduzir os alunos. Todo jovem gosta de aprender o novo, tudo que é curioso. O que acontece, no entanto, é que ele não consegue perceber nada de interessante no conteúdo ou na forma como a aula é ministrada.

4) "Eles inventam problema, dor de barriga, dor de cabeça"

Há alguns alunos que inventam os mais variados problemas, mas cabe ao professor não generalizar. Às vezes o professor se considera bastante experiente, mas, quando algum aluno tenta justificar por que não fez determinada tarefa, ele nem consegue ouvir, já tem sua explicação, já sabe o motivo, sabe que é "enrolação". É preciso deixar o aluno falar, é preciso saber ouvir. Esse talvez seja o maior mérito do educador que preza sua vocação. Quem inventa problema pode estar passando por alguma dificuldade – nesse caso o professor amigo poderia ser um farol, um auxílio ao aluno – ou apenas tentando mascarar o desinteresse e a falta de motivação pelo que lhe está sendo ensinado. Em ambos os casos, é dever do professor se armar de toda a paciência e compreensão possível e ouvir o aluno "enrolador".

5) "Esta sala é indisciplinada"

Pronto, a sala já está estereotipada: é indisciplinada. Na maioria dos casos, as salas são indisciplinadas com alguns professores, com outros não. Onde está o problema? Por que determinado professor consegue a atenção da turma, enquanto outros nem sequer conseguem dizer bom-dia e já começa a indisciplina? Talvez seja importante que o professor reveja sua relação com o grupo e analise onde nasceu o problema. A sala está assim desde o primeiro dia? O professor já começou mal? A relação está péssima? Ninguém é indisciplinado à toa. Percebe-se, por exemplo, o mesmo fenômeno em uma platéia de professores que assiste a uma conferência desinteressante: todos se põem a conversar, a ir várias vezes ao banheiro e num instante temos uma platéia indisciplinada... de professores! Não são indisciplinados. O que aconteceu? Perderam o interesse porque o palestrante era desinteressante ou porque a forma como ele proferia a palestra era desinteressante. Antes de julgar os alunos, é preciso que o professor reflita conscientemente sobre a forma como tem ministrado suas aulas.

6) "Esses alunos são completamente desinformados"

Há um erro crasso nessa afirmação. Os "filhos" da internet (obviamente falamos dos alunos bem aquinhoados financeiramente, porque há uma massa enorme de jovens que não dispõem de computador em casa) não são desinformados. Essa geração tem mais informação do que qualquer outra em todos os tempos. Internet, televisão, cinema, revistas, jornais – mesmo que optando por alguns cadernos mais atraentes que informativos – são fontes riquíssimas de informação. Talvez a dificuldade esteja em transformar essa informação em conhecimento. É exatamente aí que começa a atuar o professor que percebe o interesse do aluno e o direciona. Imaginem uma mesa de jantar em que só há profissionais do mercado financeiro e dois outros convidados de outras profissões quaisquer. Se a conversa versar toda ela sobre as cotações da bolsa de valores, os dois estranhos parecerão não só desinformados como desinteressados do assunto em pauta.

7) "Se não ficar quieto agora, mando você para a diretoria"

Medidas extremas devem ser evitadas a todo custo. Em algumas situações o professor assume diante da sala a incapacidade de lidar diplomaticamente com problemas. Não vivemos em uma época compatível com o autoritarismo. Mandar para a diretoria por quê? O diretor ou a diretora terá mais competência, mais poder, maior capacidade de persuasão que o professor? Ora, o educador por excelência é quem precisa atuar, encontrar uma solução para apaziguar o comportamento inadequado dos alunos. Enviar à diretoria pode ser um instrumento para utilizar em casos extremos. E tal procedimento parecerá ao aluno um expediente de quem não pôde contornar um problema que estava a seu alcance.

8) "Ou vocês entregam quem aprontou essa, ou fica todo mundo com zero"

Vários erros pedagógicos são cometidos pelo professor que ameaça. Formar um cidadão significa transformá-lo em um "dedo-duro" aos olhos dos colegas? A irreverência de alguns alunos não compensa o destempero. Quem apronta alguma brincadeira em sala de aula pretende criar um clima de confusão, e conseguirá se o professor não tiver a habilidade necessária para resolver a questão. Nesse caso, talvez o mais prudente seja tornar inócuo o efeito da brincadeira, fingindo que não se percebeu nada. A peraltice é própria da juventude e a tendência, quando o professor ignora os supostos efeitos cômicos da brincadeira, é o aluno não repetir a iniciativa.

9) "Se não falarem quem fez isso, amanhã suspensão para a sala inteira"

Mais uma vez, o estímulo a que se apresente um dedo-duro e acompanhado de uma ameaça pouco inteligente. Suspender a sala inteira significa dar feriado para a turma toda. E, dependendo da idade e da formação, os alunos vão adorar e, por isso, repetirão o malfeito para ganhar outros feriados. As medidas disciplinares têm de ser inteligentes. Evidentemente há que se respeitar normas, trabalhar com limites, mas de forma construída coletivamente. Em situações de aula, o professor é o mais experiente e deve aproveitar essas oportunidades de indisciplina como desafios para conduzir de forma eficiente o trabalho escolar.

10) "Quem não trouxer o livro amanhã, não entra"

Além do erro pedagógico da ameaça, a que nos referimos anteriormente, devemos lembrar que ninguém gosta de ser ameaçado. E o maior erro está na ameaça que, aliás, pode não ser cumprida: o professor que age assim espera que nenhum aluno venha sem o livro. E se vier? E se vier a classe toda sem o livro? Ninguém entra? Ele não dá aula? Medidas extremas, desnecessárias, se desautorizam pela natureza mesmo do problema de maior proporção que ocasionariam. Quando houver necessidade de dar uma ordem, o professor sabe que se trata de uma situação de exceção, mas o cumprimento dela não pode deixar de ocorrer de forma nenhuma, ou o professor perde sua autoridade diante do aluno. Os alunos sabem reconhecer o professor que realmente não transige. "Ele fala a sério", dirão, "é melhor respeitar".

Sem ameaças. São necessários limites que se estabelecem com diálogo, com afeto.

11) "Vejam o exemplo da fulana, ela sim é boa aluna"

Horrível exemplo. Comparar um aluno com outro é tão terrível quanto comparar um filho com outro. Cada um é único. São diferentes entre si. O exemplo é ruim para a sala, que se sente diminuída, e para quem for considerado bom aluno, que se coloca como um ser extraterrestre diante dos outros. A relação social dessa pessoa começa a ser prejudicada e ela fica excluída do grupo. É preciso tomar muito cuidado com as comparações. Não se pode esquecer que a heterogeneidade, e não a homogeneidade, é um princípio valorizado na LDB.

12) "Eu sei que a minha matéria é chata"

Não existe nenhuma matéria chata. Alguns professores, com todo o meu respeito, ficam chatos. A forma de tratar cada área do conhecimento, por mais árida que possa parecer, pode ser envolvente, interessante, dinâmica ou não. Dizem alguns que há matérias que despertam mais o interesse dos alunos, são mais concretas, mais vivas. Isso é um mito. Todas as matérias podem ser vivas. Desde que ministradas de modo contextualizado, tornam-se importantes para qualquer aluno, que logo perceberá a necessidade do seu aprendizado para sua vida. Pode-se ainda usar recursos pedagógicos como jogos e competições entre os grupos e criar uma infinidade de possibilidades de transformar a aula em sessões agradáveis e convidativas.

13) "Você dá risada do quê? Está me achando com cara de palhaço? Pensa que eu não sei a matéria?"

O professor, em momento nenhum, deve competir com o aluno, por mais amigos que sejam. Esse é um parâmetro didático milenar porque o professor é um referencial, uma pessoa admirada, e como tal precisa se conscientizar de que é parceiro do aluno; apenas possui mais experiência. Há casos em que o professor se sente agredido com o riso do aluno ou com o fato de ele resmungar ou bocejar. Tratamos com pessoas inquietas e irrequietas, porque assim são os jovens, e cabe ao educador impor o distanciamento maduro e consciente diante de circunstâncias adversas.

14) "Não aceito trabalho copiado da internet. Sei que vocês colam uns dos outros, então que tenham o trabalho de apresentar versões aparentemente diferentes"

A manifestação de desconfiança afasta muito o aluno do professor, como afastaria qualquer ser humano de outro. A experiência mostra que, quanto mais autoritário e distante é o professor, menos o aluno se incomoda por burlar as normas e tentar enganar. Ao contrário, quando há um clima de amizade o aluno sente-se constrangido em enganar o professor; seria como enganar a si mesmo. É preciso acreditar na honestidade do aluno, até que prove o contrário. E não presumir sua desonestidade para que ele, com o tempo, ganhe a confiança do professor. O princípio não pode ser invertido. Assim é na escola, assim é nas questões da justiça.

15) "Antigamente as coisas funcionavam. Agora, com esses modismos todos, os alunos têm direito a isso e aquilo. Na minha época não podiam abrir a boca"

Há quem lamente os tempos serem outros, a educação ser outra, mas esses se esquecem de que o mundo é outro e que o ser humano hoje é completamente diferente daquele de tempos atrás. A relação de poder mudou. A necessidade de diálogo é cada vez maior. Sem entrar no mérito da excelência dos tempos modernos ou dos contemporâneos, a questão é que, para formar um aluno preparado para os tempos de hoje, os métodos não podem ser os de antigamente. Ninguém gostaria de ser submetido a uma intervenção cirúrgica com métodos de quarenta anos atrás, raros prefeririam ter uma máquina de escrever a um computador depois de ter experimentado ambos. Tudo muda. E a educação não pode se valer de um tempo em que o aluno tinha medo de abrir a boca, de olhar para o lado, de sofrer castigos físicos até. A educação que visa à formação de um ser humano com autonomia e liberdade não pode reproduzir qualquer padrão ultrapassado de ensino. O mesmo vale para a educação familiar. O filho que, por medo, não consegue dizer o que quer ou precisa aos pais, não vai desenvolver o hábito de reagir, na rua, em situações de injustiça ou de coação.

16) "É impossível trabalhar com uma sala com essa quantidade de alunos"

O número de alunos em uma sala de aula pode ser um facilitador ou um dificultador. Uma sala com número reduzido de alunos facilita o processo de aprendizagem porque o professor tem condições de conhecer mais de perto cada um deles. As dinâmicas são mais fáceis de aplicar e a avaliação continuada pode ser mais bem desenvolvida, enquanto numa sala mais numerosa, o professor tem mais dificuldade em tratar o aluno individualmente, seja pela quantidade elevada deles, seja pelo tempo escasso de que dispõe. Dificulta, mas não impossibilita. É possível fazer dinâmicas com um número maior de alunos, desenvolver técnicas para conhecê-los e com eles trabalhar. O palco de lutas para salas com menos alunos é a direção, a coordenação ou as reuniões com os mantenedores. Ao professor não é dado desvencilhar-se da responsabilidade de trabalhar de forma competente porque há muitos alunos na sala.

17) "As matérias mais importantes são português e matemática; se o aluno souber isso, no resto ele dá um jeito"

Não existe matéria mais ou menos importante. Todas elas precisam ser ministradas de igual maneira no sentido de formar plenamente o aluno. Cada matéria tem seu grau de responsabilidade na formação comum de um cidadão. Mesmo na divisão da carga horária para a grade curricular, é preciso que a comunidade participe na definição das prioridades daquela região e como elas serão trabalhadas na escola.

18) "Aluno detesta estudar"

Aluno detesta estudar quando não há professor interessante que o seduza, que o conduza pelos fascinantes caminhos do saber. Aluno detesta mesmice, rotina, falta de criatividade. Estudar, em princípio, nem se gosta, nem se detesta; depende de como é apresentada essa arte ou aquela ciência. Quando o professor parte deste princípio, acaba entrando no terreno da obrigação: tudo, apesar de ser chato, é obrigatório ou então o aluno não faz. Isso não é verdade.

19) "Quanto mais difícil é a prova, mais eles dão valor depois"

A questão importante na avaliação não é a prova ser fácil ou difícil, mas ser inteligente. A avaliação deve ser um instrumento de referência para que o professor possa acompanhar o processo de aprendizagem do aluno. Se ele não fizer isso de forma continuada, a prova será apenas a análise de um momento e não de um processo, o que já está errado. E, tratando-se especificamente da chamada "prova", ela não deve ser um instrumento para que o professor, por meio de pegadinhas, faça o aluno errar, para mostrar a dificuldade. Pegadinha não é desafio, é artimanha, armadilha, ou seja, uma forma covarde de fazer o outro perder. E sempre devemos ter em mente que nesse tipo de raciocínio o professor, geralmente maduro e equilibrado, perde longe para o jovem, geralmente mais "esperto".

20) "Eu sei que agora vocês me odeiam, mas depois vocês vão se lembrar de mim com saudades"

O que pode esperar um professor que tem a consciência de que é odiado pelos alunos e persiste nas mesmas práticas, confiando em que um dia os alunos reconheçam que ele tinha lá seu valor? Se o professor se acredita odiado, já é um grande passo para que tente reconquistar os alunos, para que reflita sua prática pedagógica e sua maneira de tratar a relação entre ensino e aprendizagem. Todos nós nos lembramos com saudades daquilo que foi bom e já não temos mais; o que não foi bom não deixa saudades, no máximo nos lembraremos com bom humor das situações que nos deixaram mal-humorados um dia. A relação de afeto entre alunos e professor deve se estabelecer no momento da aprendizagem.

21) "Professor não pode ser amigo do aluno. O aluno acaba perdendo o respeito"

Professor tem de ser amigo do aluno, é um imperativo, e disso não se pode abrir mão nem fazer concessões. O professor só conseguirá atingir seus objetivos ser for amigo dos alunos. E se for amigo verdadeiro, terá todo o respeito porque um amigo respeita o outro. Se não for amigo, poderá se impor pela ameaça, abusando da prerrogativa que a posição de professor lhe confere o poder de dar uma nota baixa ou de reprovar o aluno. Respeito não se impõe, conquista-se. E a amizade com os alunos é essencial. Sem afeto não há educação.

22) "Não dê muita atenção ao que os alunos dizem. Eles mudam muito de opinião"

Os alunos mudam de opinião com freqüência maior que a de uma pessoa madura, o que tem seu lado bom e seu lado mau. É bom porque prova que os alunos têm menos amarras, menos medo do novo, menos medo de arriscar e mais flexibilidade. É ruim porque podem ser persuadidos a acatar valores inadequados, e assim se deixar conduzir a práticas danosas. É nesse ponto que o professor, o mestre, o amigo, que dá atenção sempre, que acompanha o processo de mudança, que auxilia o aluno a ter os pés mais firmes em valores essenciais, dá a sua maior contribuição, apontando para o caminho dos valores libertadores.

23) "Se logo no primeiro dia não ficar claro aos alunos que quem manda é o professor, depois não tem jeito"

No primeiro dia de aula o que precisa ficar claro é que o professor será amigo do aluno, que a matéria ministrada será fascinante e que durante o período em que estarão juntos muito será aprendido, trocado.

No primeiro dia precisa ficar claro que o professor adora ser professor e conviver com os alunos, que ensinar foi uma opção de vida – ajudar o ser humano a crescer, a ser mais livre, mais feliz. Jamais uma primeira aula pode ser recheada de ameaças e autoritarismo.

24) "Fulano e sicrano, sempre com cara de sono e olhos vermelhos. Isso é droga, eu não me engano"

É preciso tomar muito cuidado com conclusões apressadas. Cara de sono pode ser insônia, noite maldormida, doença física, estresse, problemas familiares. O risco do estereótipo nos faz cair em armadilhas e muitas vezes cometer injustiças. Mesmo que o professor se certifique de que o aluno está usando droga, o problema não será solucionado se ele se colocar na posição de sabichão e divulgar para outros professores a "novidade" que descobriu. O afeto e a disposição devem predominar na abordagem de problemas dessa ordem.

25) "*Dize-me com quem andas e te direi quem és* – precisa separar aluno bom de aluno que não presta, senão todos passam a não prestar"

Frases prontas e idéias feitas não cabem na relação entre aluno e professor. O conceito de "aluno que não presta" já é absurdamente grotesco e incorreto. A referência a um aluno indisciplinado, ausente ou com dificuldade de aprendizagem deve ser cuidadosa; quanto mais desprezado o aluno, mais agravados serão os problemas. Ao invés de separar preconceituosamente os "bons" e os "maus", o professor deve investir suas energias no sentido de uni-los e fazê-los trabalhar juntos para recuperar aqueles cujo processo de aprendizagem é mais lento pela razão que for. E continuar incentivando os que estão tendo maior proveito das aulas, contando com eles para envolver os demais.

26) "Escola é boa nas férias, quando não há aluno para nos amolar"

A melhor experiência para um professor é a convivência com aluno. O prazer de acompanhar a chegada, os olhares curiosos, o desejo de aprender, as "fofoquinhas" sobre como é o professor. A certeza de que pode ser um canal para proporcionar o crescimento, o desenvolvimento. A relação saudável entre professor e aluno só contribuirá para o crescimento e a realização de ambos.

Professor que não gosta de aluno deve mudar de profissão. A educação é um processo que se dá através do relacionamento e do afeto para que possa frutificar. Professores que não vibram com os alunos são como pais que preferem os filhos afastados de si o maior tempo possível.

Outros tantos exemplos poderiam ser dados, outros mitos que se perpetuam poderiam ser abordados. São frases soltas, ouvidas e repetidas por aí, demonstrando apenas que a insatisfação do professor com relação aos alunos pode ter causas mais arraigadas e, por comodismo, falta de reflexão e autocrítica, terminam por visar os jovens, sem nenhuma pertinência. São paradigmas que precisam ser quebrados sob pena de termos uma educação caduca, envelhecida e ineficiente.

Alunos possuem suas peculiaridades em qualquer idade. Observem-se os alunos de pós-graduação, que já são professores há um longo tempo: comportam-se como crianças grandes aqueles marmanjões todos que ficam em fila para conversar com o professor e pedir-lhe para adiar a entrega de um trabalho. Ou pedindo uma entrevista com o professor para expor suas inseguranças com relação ao tema da tese, aproveitando a oportunidade para um desabafo de ordem pessoal. Não há idade para sentir-se aluno, para manifestar dependência. Qualquer que seja a faixa etária do aluno e qualquer que seja sua aspiração, o professor será "amolado".

O aluno, como todo ser humano, precisa de afeto para se sentir valorizado. Se houver aluno intransigente, teimoso, emocionalmente abalado, ninguém se surpreenderá. Já o professor não pode se apresentar emocionalmente abalado diante dos alunos. O professor é a referência, é o modelo, é o exemplo a ser seguido e, exatamente por causa disso, o pouco que fizer afetuosamente, uma palavra, um gesto, será muito para o aluno com problemas.

O professor que chama o aluno pelo nome, que repara em algum novo detalhe, uma roupa, um novo corte de cabelo; o professor que menciona ter conhecido o pai de seu aluno e lhe faz um elogio. Realiza pequenos gestos de atenção que quebram barreiras e fertilizam o terreno da amizade entre ambos. É o famoso afeto, que nada tem de complicado e não exige sacrifícios. Basta um pouco de boa vontade e muito de vocação para o magistério. Em qualquer aspecto da vida cotidiana, não apenas na escola, a desatenção gera agressividade. No guichê do correio, na caixa do banco, no laboratório médico, quantas vezes não nos irritamos com o tratamento displicente dos funcionários que deveriam nos atender com cortesia. Então nos damos conta rapidamente de que somos apenas um incômodo a mais na vida deles e reagimos mal. O aluno também pode ter essa sensação de não estar agradando, o que o faz tornar-se agressivo, querer atrapalhar a aula para que sua presença seja notada.

Nenhum aluno é mau, assim como nenhum ser humano é mau *a priori*. Infelizmente, o número de alunos por sala não permite que o professor conheça profundamente cada um, já que muitas vezes ele tem de trabalhar em várias escolas para completar o orçamento familiar. A desvalorização da carreira do magistério, os baixos salários, que chegam a privar o professor do acesso ao conhecimento por não lhe sobrar dinheiro ou tempo algum para atualizações e leituras, contribuem para sua má disposição.

O ideal é que se trabalhe em menos lugares para sobrar mais tempo para os alunos, para conhecê-los melhor, isso com um salário digno. E então a relação de afeto pode ser desenvolvida plenamente, fazendo com que o professor tenha prazer em exercer sua profissão e o aluno tenha prazer em conviver com quem terá uma importância enorme em sua vida.

Quantos alunos relembram seus grandes mestres com uma saudade gostosa, de um tempo que foi importante em sua vida? E quantos há que se lembram com pavor de alguns mestres que só lhes criaram traumas, trouxeram medo e frustração? É preciso olhar os exemplos do passado para construir um presente e um futuro melhores. Se cada professor conseguisse lembrar do tempo em que foi aluno, das marcas positivas e negativas, dos exemplos que eram para ser seguidos ou evitados, ajudaria muito a pensar em seu papel de educador.

A LDB, ao tratar dos níveis escolares, em seu artigo 21, expõe:

> *I. Educação Básica, formada pela Educação Infantil, Ensino Fundamental e Ensino Médio;*
> *II. Educação Superior.*

No artigo 22, a LDB trata da educação básica:

> *Artigo 22 - A educação básica tem por finalidade desenvolver o educando, assegurar-lhe a formação*

comum indispensável para o exercício da cidadania, fornecer-lhe meios para progredir no trabalho e em estudos posteriores.

No artigo 29, a LDB trata especificamente da educação infantil:

Artigo 29 - A Educação Infantil, primeira etapa da educação básica, tem como finalidade o desenvolvimento integral da criança até seis anos de idade, em seus aspectos físico, psicológico, intelectual e social, complementando a ação da família e da comunidade.

O artigo 32 da LDB trata especificamente do ensino fundamental:

Artigo 32 - O Ensino Fundamental, com duração mínima de oito anos, obrigatório e gratuito na escola pública, terá por objetivo a formação básica do cidadão mediante:
I. o desenvolvimento da capacidade de aprender, tendo como meios básicos o pleno domínio da leitura, da escrita e do cálculo;
II. a compreensão do ambiente natural e social, do sistema político, da tecnologia, das artes e dos valores em que se fundamenta a sociedade;
III. o desenvolvimento da capacidade de aprendizagem, tendo em vista a aquisição de conhecimentos e habilidades e a formação de atitudes e valores;
IV. o fortalecimento dos vínculos da família, dos laços de solidariedade humana e de tolerância recíproca em que se assenta a vida social.

O artigo 35 da LDB dispõe sobre o ensino médio:

Artigo 35 - O Ensino Médio, etapa final da educação básica, com duração mínima de três anos, terá como finalidades:
I. a consolidação e o aprofundamento dos conhecimentos adquiridos no Ensino Fundamental, possibilitando o prosseguimento dos estudos;
II. a preparação básica para o trabalho e a cidadania do educando, para continuar aprendendo, de modo a ser capaz de se adaptar com flexibilidade a novas condições de ocupação ou aperfeiçoamento posteriores;
III. o aprimoramento do educando como pessoa humana, incluindo a formação ética e o desenvolvimento da autonomia intelectual e do pensamento crítico;
IV.a compreensão dos fundamentos científico-tecnológicos dos processos produtivos, relacionando a teoria com a prática, no ensino de cada disciplina.

E, por fim, no artigo 43, a LDB traz a finalidade da educação superior:

Artigo 43 - A Educação Superior tem por finalidade:
I. estimular a criação cultural e o desenvolvimento do espírito científico e do pensamento reflexivo;
II. formar diplomados nas diferentes áreas do conhecimento, aptos para a inserção em setores profissionais e para a participação no desenvolvimento da sociedade brasileira, e colaborar na sua formação contínua;
III. incentivar o trabalho de pesquisa e investigação

científica, visando o desenvolvimento da ciência e da tecnologia e da criação e difusão da cultura, e, desse modo, desenvolver o entendimento do homem e do meio em que vive;
IV. promover a divulgação de conhecimentos culturais, científicos e técnicos que constituem patrimônio da humanidade e comunicar o saber através do ensino, de publicações ou de outras formas de comunicação;
V. suscitar o desejo permanente de aperfeiçoamento cultural e profissional e possibilitar a correspondente concretização, integrando os conhecimentos que vão sendo adquiridos numa estrutura intelectual sistematizadora do conhecimento de cada geração;
VI. estimular o conhecimento dos problemas do mundo presente, em particular os nacionais e regionais, prestar serviços especializados à comunidade e estabelecer com esta uma relação de reciprocidade;
VII. promover a extensão, aberta à participação da população, visando à difusão das conquistas e benefícios resultantes da criação cultural e da pesquisa científica e tecnológica geradas na instituição.

É importante que se conheça a lei e se lute por sua efetivação. Esses artigos trazem a lume os princípios da educação em cada um de seus níveis e os objetivos reais do legislador brasileiro quanto ao aluno.

Como se viu, o aluno do ensino básico tem que ser desenvolvido de modo a se formar para o exercício da cidadania. A educação infantil, a formação integral da criança, em seus vários aspectos: físico, psicológico, intelectual e social. No ensino fundamental, o aluno tem de ser formado como cidadão para desenvolver a capacidade de aprender, para compreender o ambiente natural e social, para que se fortaleçam seus laços com a solidariedade humana. No ensino médio, além de outros aspectos, prioriza-se o aprimoramento do educando como pessoa humana, incluindo a formação ética, o desenvolvimento da autonomia intelectual e do pensamento crítico. Por fim, o ensino superior prepara o aluno de forma ainda mais intensa para o espírito crítico, científico, cultural, social, não apenas despejando conhecimento, mas suscitando-lhe o desejo permanente de aperfeiçoamento e despertando a sensibilidade para a relação com a comunidade.

Parece que o simples cumprimento desses princípios formariam outro conceito de aluno. Infelizmente o desconhecimento da lei ou a leitura apressada de dispositivos constitucionais ou legais dificultam a realização desses ideais.

Fez-se questão de reproduzir esses artigos da Lei de Diretrizes e Bases da Educação neste capítulo que trata do aluno para que a reflexão fique ainda mais concreta. Quando se fala de autonomia, de cidadania, de respeito ao aluno, de quebra de paradigmas, trata-se de cumprir a Constituição Federal e a legislação infraconstitucional, como a Lei de Diretrizes e Bases da Educação, que regem a educação no país.

Que o aluno seja olhado de outra forma, que as relações sejam menos traumáticas porque nascidas no respeito ao espaço e ao papel de cada um. Os alunos serão diferentes a cada ano, a cada dia, e o professor também será. Um mestre que tem diante de si a responsabilidade e a missão de formar pessoas equilibradas e felizes, além de competentes.

O aluno tratado com respeito, tendo valorizada a sua história de vida, sente-se amado, querido na escola em que estuda e pode ser promessa para o país que queremos. É dos bancos escolares que sairão as mulheres e os homens que vão assumir os postos de comando da nação, como políticos, executivos, jornalistas, formadores de opinião, professores, profissionais das mais diversas atividades que com sua atuação e seu exemplo de vida poderão servir como nova referência para novos tempos. Qualquer que seja o profissional, qualquer que seja o posto ocupado, essa pessoa se valeu de mestres para alcançar sua posição.

E o que terá aprendido? Como terá se preparado? Por que esqueceu os ensinamentos de vida, as questões essenciais? Esqueceu ou não foi educado para isso? Esqueceu ou foi incentivado para o contrário, para os negócios ilícitos, para as tapeações, para o comodismo, para a aceitação pacífica de todas as mazelas que proliferam?

Que tipo de aluno se quer formar? Que tipo de aluno se almeja para assumir responsabilidades na idade adulta? Que tipo de aluno se quer depois de anos e anos de aprendizagem sistemática, de avaliações, de momentos de lazer, de troca de experiências? O que se quer do aluno de uma escola brasileira em tempos hodiernos?

Essa deve ser a reflexão inicial dos professores nos dias de planejamento. O que queremos de nosso aluno e o que ele quer de nós? O que queremos para o presente e para o futuro deste país com o tipo de educação que estamos dando?

Corremos o risco de cair nas malhas da burocracia do sistema, em que o conteúdo é tratado de forma a repetir padrões anteriormente determinados sem a menor compreensão de sua finalidade. O professor acaba ministrando conteúdos ultrapassados, que pouco contribuem para a formação do aluno, e não faz isso por mal, mas porque não é adequadamente capacitado. Reuniões do corpo docente há muitas, com certeza, entretanto são freqüentemente inócuas já que não atingem o cerne da questão. Qualquer tipo de discussão educacional, qualquer planejamento em que se pense a grade curricular, as ementas, o conteúdo, sem levar em conta o foco, o fim a que se pretende chegar, está fadado a naufragar. É barco sem norte, sem rumo, sem direção. É construção desordenada em que os tijolos vão sendo empilhados uns sobre os outros, mas não há planta, não há projeto, não se sabe o tipo de construção que se está fazendo.

Se a escola existe para o aluno, para formá-lo e prepará-lo para a vida e para ser a vida dele, é preciso começar da gênese – qual o perfil do aluno que pretendemos formar?

2. O professor

Para ser grande, sê inteiro: nada
Teu exagera ou exclui.
Sê todo em cada coisa. Põe quanto és
No mínimo que fazes.
Assim em cada lago a lua toda
Brilha, porque alta vive.

Ricardo Reis

O professor – eis o grande agente do processo educacional. A alma de qualquer instituição de ensino é o professor. Por mais que se invista em equipamentos, em laboratórios, bibliotecas, anfiteatros, quadras esportivas, piscinas, campos de futebol – sem negar a importância de todo esse instrumental –, tudo isso não se configura mais do que aspectos materiais se comparados ao papel e à importância do professor.

Há quem afirme que o computador irá substituir o professor, que nesta era, em que a informação chega de muitas maneiras, o professor perderá sua importância. O computador nunca substituirá o professor. Por mais evoluída que seja a máquina, por mais que a robótica profetize evoluções fantásticas, há um dado que não pode ser desconsiderado. A máquina reflete e não é capaz de dar afeto, de passar emoção, de vibrar com a conquista de cada aluno. Isso é um privilégio humano.

Pode-se ter todos os poemas, romances ou dados no computador, como há nos livros, nas bibliotecas; pode até haver a possibilidade de se buscar informações pela internet, cruzar dados num toque de teclas, mas falta a emoção humana, o olhar atento do professor, sua gesticulação, a fala, a interrupção do aluno, a construção coletiva do conhecimento, a interação com a dificuldade ou facilidade da aprendizagem.

Os temores de que a máquina possa vir a substituir o professor só atingem aqueles que não têm verdadeiramente a vocação do magistério, os que são meros informadores desprovidos de emoção. Professor tem luz própria e caminha com pés próprios. Não é possível que ele pregue a autonomia sem ser autônomo; que fale de liberdade sem experimentar a conquista da independência que é o saber; que ele queira que seu aluno seja feliz sem demonstrar afeto. E para que possa transmitir afeto é preciso que sinta afeto, que viva o afeto. Ninguém dá o que não tem. O copo transborda quando está cheio; o mestre tem de transbordar afeto, cumplicidade, participação no sucesso, na conquista de seu educando; o mestre tem de ser o referencial, o líder, o interventor seguro, capaz de auxiliar o aluno em seus sonhos, em seus projetos.

A formação é um fator fundamental para o professor. Não apenas a graduação universitária ou a pós-graduação, mas a formação continuada, ampla, as atualizações e o aperfeiçoamento. Não basta que um professor de matemática conheça profundamente a matéria, ele precisa entender de psicologia, pedagogia, linguagem, sexualidade, infância, adolescência, sonho, afeto, vida. Não basta que o professor de geografia conheça bem sua área e consiga dialogar com áreas afins como história; ele precisa entender de ética, política, amor, projetos, família. Não se pode compartimentar o conhecimento e contentar-se com bons especialistas em cada uma das áreas.

Para que um professor desempenhe com maestria a aula na matéria de sua especialidade, ele precisa conhecer as demais matérias, os temas transversais que devem perpassar todas elas e, acima de tudo, conhecer o aluno. Tudo o que diz respeito ao aluno deve ser de interesse do professor. Ninguém ama o que não conhece, e o aluno precisa ser amado! E o professor é capaz de fazer isso. Para quem teve uma formação rígida, é difícil expressar os sentimentos; há pessoas que não conseguem elogiar, que não conseguem abraçar, que não conseguem sorrir. O professor tem de quebrar essas barreiras e trabalhar suas limitações e as dos alunos.

Não há como separar o ser humano profissional do ser humano pessoal. Certamente o professor terá seus problemas pessoais, chegará à escola, às vezes, mais sisudo que o habitual e terá mais dificuldade em desempenhar seu trabalho em sala de aula. Os alunos notarão a diferença e a eventual impaciência do professor nesse dia, mas eles não sabem os motivos da sisudez do mestre e podem interpretar erroneamente. Exatamente por isso é preciso cuidar para que contrariedades pessoais não venham à tona, causando mágoas e ressentimentos.

Ao enfrentar problemas de ordem pessoal o professor deve procurar o melhor meio para sair do estado de espírito sombrio e poder desempenhar seu trabalho com serenidade. A leitura dos clássicos, o contato com a arte, com a natureza, uma reflexão mais profunda sobre a contrariedade por que se está passando podem ajudar muito. Ninguém é mau em essência, como já dissemos, mas um professor descontrolado deve rever seu comportamento sob pena de ser mal interpretado por seus alunos.

Sabe-se que a dificuldade financeira é um obstáculo para a maior parte dos professores deste país, mas não pode servir de desculpa: há numerosos programas culturais gratuitos, há bibliotecas públicas, a natureza está aí e não cobra nada para ser contemplada. Não se trata de ignorar a situação em que se encontram os professores no que diz respeito aos patamares salariais. Essa classe vem sendo tratada com desrespeito pela grande maioria dos administradores públicos do país. Para obras de cimento e cal sempre há dinheiro, para um salário digno de quem forma o cidadão brasileiro não há verbas. Entretanto, isso não pode ser desculpa para a acomodação, para a negligência ou para a impaciência. O professor tem o direito constitucional de fazer greve e ninguém pode deixar de respeitá-lo por isso, mas não tem o direito de ser negligente, incompetente, displicente, porque o aluno não tem culpa. Se o problema é com os administradores, eles é que devem ser enfrentados. É melhor entrar em greve, com todos os problemas decorrentes disso, do que dar uma aula sem alma apenas porque não se ganha o suficiente.

Desde os primórdios da cultura grega, o professor se encontra em uma posição de importância vital para o amadurecimento da sociedade e a difusão da cultura. As escolas de Sócrates, Platão e Aristóteles demonstram a habilidade que tinham os pensadores para discutir os elementos mais fundamentais da natureza humana. Não perdiam tempo com conteúdos que não fossem essenciais. Sabiam o que era importante porque viviam da reflexão, e a aula era o resultado de um profundo processo de preparação. Assim foi a escola de Abelardo, com os alunos quase extasiados pelo carisma do professor e pela forma envolvente e sedutora como eram tratados os temas. Sócrates andava com seus alunos e ironizava a sociedade da época com o objetivo de fazê-los pensar, de provocar-lhes a reflexão, o senso crítico. Não se conformava com a passividade de quem acha que nada sabe e nunca conseguirá saber nem com a arrogância de quem acredita que tudo sabe e, portanto, nada mais há que mereça ser estudado ou refletido.

Jesus Cristo, o maior de todos os mestres da humanidade, contava histórias, parábolas e reunia multidões ao seu redor, fazendo uso da pedagogia do amor. Quem era esse pregador que falava de forma tão convincente, ensinava sobre um novo reino e olhava nos olhos com a doçura e a autoridade de um verdadeiro mestre? A multidão vinha de longe para ouvi-lo falar, para aprender sobre esse novo reino e sobre o que seria preciso fazer para alcançar a felicidade. O grande mestre não precisava registrar as matérias, não se desesperava com o conteúdo a ser ministrado nem com a forma de avaliação, se havia muitos discípulos ou não. Jesus sabia o que queria: construir a civilização do amor. E assim navegava em águas tranqüilas, na maré correta, com a autoridade de quem tem conhecimento, de quem tem amor e de quem acredita na própria missão.

Sócrates e Cristo foram educadores, formaram pessoas melhores. Não há como negar que os numerosos profetas ou os simples contadores de história conseguiram tocar e educar muito mais do que qualquer professor que saiba de cor todo o plano curricular e tudo o que o aluno deve decorar para ser promovido. Ninguém foi obrigado a seguir a Cristo, não havia lista de presença nem chamada, e mesmo assim, a multidão se encantava com seus ensinamentos – ele tinha o que dizer e acreditava no que dizia, por isso foi tão marcante.

O professor precisa acreditar no que diz, ter convicção em seus ensinamentos para que os alunos também acreditem neles e se sintam envolvidos. Precisa de preparo para ir no rumo certo e alcançar os objetivos que almeja.

O professor que não prepara as aulas desrespeita os alunos e o próprio ofício. É como um médico que entra no centro cirúrgico sem saber o que vai fazer e sem instrumentação adequada. Tudo na vida exige uma preparação. Uma aula preparada, organizada, com o conteúdo refletido, muito provavelmente será bem-sucedida. Aula previamente preparada não significa aula engessada: não dará ao professor o direito de falar compulsivamente, sem permitir intervenção do aluno; o professor não deixará de discutir outros temas que surgirem apenas porque tem de cumprir o roteiro de aula que preparou. Pode até ocorrer que ele dê uma aula diferente daquela que planejou, mas isso é enriquecedor.

Preparação é planejamento. Muitos professores fazem o planejamento do início do ano de qualquer maneira, apenas para cumprir exigências formais. É lamentável. Se o professor investir tempo refletindo cada item de seu planejamento, sem dúvida terá muito menos trabalho durante o ano para o cumprimento de seus objetivos, pois sabe aonde quer chegar, sabe o tipo de habilidade que precisa ser trabalhada e como avaliar o desempenho do aluno.

A partir de nossa experiência por meio de contatos no Brasil e fora daqui, passamos agora a compor um quadro com os tipos mais comuns de professor que se pode encontrar. Com todo o respeito que merece a categoria como um todo, nota-se freqüentemente a recorrência dos mesmos gêneros de atuação em sala.

1) Professor arrogante

Ele se acha o detentor do conhecimento. Fala de si o tempo todo e coloca os alunos em um patamar de inferioridade. Ao menor questionamento, pergunta quantas faculdades já fez o aluno, se já escreveu algum livro, se já defendeu teses, para se mostrar superior. Gosta de parecer um mito; teima em propalar, às vezes inventando, os elogios que recebe em todos os congressos dos quais participa; conta histórias a respeito de si mesmo para mostrar quanto é competente e querido. Não gosta de ser interrompido, não presta atenção quando algum aluno quer lhe contar um feito seu. Só ele interessa; só ele se basta.

O que se pode dizer é que o professor arrogante tem uma rejeição a si mesmo e não acredita em quase nada do que diz. Como sofre, possivelmente, de complexo de inferioridade, precisa se auto-afirmar usando a platéia cativa de que dispõe: os alunos.

2) Professor inseguro

É o professor que tem medo dos alunos; teme ser rejeitado, não conseguir dar aula, não ser ouvido porque acha que sua voz não é tão boa. Não sabe como passar a matéria apesar de ter preparado tudo; acha que talvez fosse melhor usar outro método; teme que os alunos não gostem de sua forma de avaliação. Começa a aula várias vezes e se desculpa pelas falhas que julga ter cometido, e pede ainda que esqueçam tudo, e recomeça. Tem receio de que os pais dos alunos não gostem de sua forma de relacionamento com eles, receia também a direção da escola, os outros professores e se vê paralisado, com seu potencial de educador inutilizado.

O medo, de fato, paralisa e dificulta o crescimento profissional e, por isso, precisa ser trabalhado. Um ator quando entra em cena geralmente está tenso, nervoso, mas seu talento consiste em não transmitir essa sensação para a platéia. Ele precisa confiar no que está fazendo e superar a insegurança. Se o professor não acreditar no que diz, será ainda mais difícil ao aluno fazê-lo.

3) Professor lamuriante

O professor lamuriante reclama de tudo o tempo todo. Reclama da situação atual do país, da escola, da falta de participação dos alunos, da falta de material para dar um bom curso, do currículo, das poucas aulas que tem para ministrar sua matéria. Passa sempre a impressão de que está arrasado e não encontra prazer no que faz. Às vezes se aproveita da condição de professor e usa a turma para fazer terapia. Fala do filho, da filha, da empregada, da cozinheira, da ingratidão, dos amigos. Mais uma vez há abuso da platéia cativa.

A dignidade de um profissional é requisito básico para uma relação de trabalho. No magistério essa norma é um mandamento, na medida em que o professor trata com pessoas em formação, que não são iguais, em nenhuma hipótese.

4) Professor ditador

É aquele que não respeita a autonomia do aluno. Trabalha como se fosse um comandante em batalha; exige disciplina a todo custo. Grita e ameaça. Não quer um pio, zela pela sala como se fosse um presídio: ninguém pode entrar atrasado nem sair mais cedo; ninguém pode ir ao banheiro, é preciso disciplinar também as necessidades fisiológicas. Dia de prova parece também dia de glória: investiga aluno por aluno, proíbe empréstimo de material, ameaça quem olhar para o lado. Tem acessos de inspetoria higiênica, investiga as unhas das mãos e os cabelos. Grita exigindo silêncio quando o silêncio já reina desolado na sala.

O professor ditador está perdido na necessidade de poder. Poder e respeito não se impõem, conquistam-se. Há determinadas práticas que se perpetuam sem razão, são contraproducentes e muito danosas para o aluno, além de fazer mal ao professor.

5) Professor bonzinho

Diferentemente do ditador, o professor bonzinho tenta forçar amizade com o aluno e gosta de dizer que o estima. Traz presentes, dá notas altas indiscriminadamente. Seus alunos decidem se querem a prova com ou sem consulta, em grupo ou individualmente. Às vezes ainda compara-se aos colegas, afirmando que os outros professores não fariam isso. Durante a prova responde às questões para os alunos, para que não fiquem tristes, para que não tirem nota baixa. Concede outra chance e dá outra prova para quem teve desempenho ruim, idêntica à anterior, só para que os resultados sejam melhores. Pede desculpa quando a matéria é muito difícil e só falta pedir desculpa por ter nascido.

A amizade também é um processo de conquista e o professor bonzinho acaba sendo motivo de chacota entre os alunos. Tudo o que vem dele parece forçado porque procede de uma carência de atenção e de uma necessidade infantil de aceitação.

6) Professor desorganizado

Esse perfil de professor aparece em aula sem a menor idéia do assunto de que vai tratar. Não lê, não prepara as aulas, não sabe a matéria e se transforma em um tremendo enrolador. Sua desorganização é aparente: como não faz planejamento, não sabe o tipo de tarefa que vai propor, por isso inventa-a na hora e, na aula seguinte, não se lembra de cobrar os alunos nem comenta sobre o que havia pedido. Como não sabe o que vai ministrar, põe-se a conversar com os alunos e a discutir banalidades. De repente, para dinamizar a aula, resolve promover um debate: o grupo A defende a pena de morte; o grupo B será contrário à pena de morte, sem nenhum preparo anterior, nenhum subsídio contra ou a favor.

O profissional precisa ter método. A organização é prova do compromisso que ele tem para com os alunos. A improvisação, muitas vezes necessária e enriquecedora, não prescinde do planejamento, como já afirmamos.

7) Professor oba-oba

Tudo é festa! Esse tipo de professor adora as dinâmicas em sala de aula. Projeta muitos filmes, leva algumas reportagens; faz com que os alunos saiam da sala para observar algum fenômeno na rua ou no céu, fala em quebra de paradigmas, tudo conforme pregam os chamados consultores de empresas, mas sem amarração, sem objetividade. A dinâmica pode ser ótima, mas é preciso que o aluno entenda por que ele está fazendo parte daquela atividade. O filme pode ser fantástico, mas se cada dia vier um filme diferente e não houver discussão para aprofundamento, perde-se o sentido. Há aquele professor que gosta de levar música para a sala de aula, comentar uma letra da MPB ou explicar *As quatro estações*, de Vivaldi. É interessante, desde que não se faça isso sempre, porque os alunos sentem falta do nexo com a matéria que devem aprender. E o que deveria ser um elemento agradavelmente surpreendente se transforma em motivo de crítica negativa.

Esse professor é bem-intencionado, mas falta-lhe estabelecer com os alunos a relação desses jogos de sensibilização com o conteúdo da matéria que cabe a ele ministrar.

8) Professor livresco

Ao contrário do oba-oba, o professor livresco tem uma vasta cultura. Possui um profundo conhecimento da matéria, mas não consegue relacioná-la com a vida. Ele entende de livros, não do cotidiano. Além disso, não utiliza dinâmica alguma, não muda a tonalidade da voz, permanece o tempo todo em apenas um dos cantos da sala e suas ações são absolutamente previsíveis. Todos sabem de antemão como vai começar e como vai terminar a aula; quanto tempo será dedicado para a exposição da matéria, quanto tempo para eventuais questionamentos. Não importa se o aluno está acompanhando ou não seu raciocínio, ele quer dizer tudo o que preparou para ser dito.

Apesar de ter embasamento e domínio do conteúdo, é necessário aprimorar a forma de comunicação, a habilidade didática, ensaiar mudança na metodologia. Às vezes, o professor livresco piora quando resolve inovar: leva um retroprojetor para a sala, e as lâminas contêm, transcrito, tudo o que vai ler em voz alta. E aquela aula se torna interminável e cansativa.

9) Professor "tô fora"

Ele não se compromete com a comunidade acadêmica. Não quer saber de reunião, de preparação de projetos comuns, de vida comunitária. Nem festa junina, nem gincana cultural ou esportiva, nem festa de final de ano. Ele dá sua aula e vai embora. Muitas vezes é até bom professor, mas não evolui sua relação social nem o conteúdo interdisciplinar porque não está presente. Alguns são arrogantes a ponto de achar que não têm o que aprender, que estão acima dos outros professores e portanto não vão ficar discutindo bobagens. Outros estão preocupados com as lutas do dia-a-dia pela sobrevivência e como não estão ganhando para trabalhar em festas juninas, por exemplo, negam-se a participar.

O processo educativo é participativo. O bom ambiente escolar depende da participação de todos. A mudança dos paradigmas ocorre quando cada um dá sua parcela de contribuição e é capaz de permitir que o outro também opine, também participe. Ninguém é uma ilha de excelência que prescinda de troca de experiências.

10) Professor "dez questões"

Para sua própria segurança, o professor "dez questões" reduz tudo o que ministrou num só bimestre a um determinado número de questões: dez, nove, quinze, não importa. Ele geralmente passa toda a matéria no quadro-negro ou em forma de ditado. Quando há livro, pede que os alunos leiam o que está ali e façam resumo ou respondam às questões. Corrige, se necessário, questão por questão. Geralmente as questões não são relacionais, não são críticas. No campo das ciências exatas, o aluno deve decorar as fórmulas para a solução dos problemas. E no fim do bimestre o professor apresenta algumas questões que os alunos devem decorar para a prova. Em sua "generosidade" avisa que dessas dez questões vai usar apenas cinco na prova. Os alunos decoram ou, se forem mais astutos, colam; acabada a prova, joga-se fora a cola ou joga-se fora da memória aquilo que foi decorado. No outro bimestre, como o ponto é outro, haverá outras dez questões para ser decoradas e assim sucessivamente: a aprendizagem não significou nada a não ser algumas técnicas de memorização e de burla.

É inadmissível que com tantos recursos à disposição um professor sirva-se ainda de técnicas antiquadas e sem sentido. Exigir que um aluno decore conteúdos cujo sentido ele nem percebe, que nem mesmo serão mencionados no decorrer dos estudos, constitui um absurdo que será constatado pelo educando.

11) Professor tiozinho

"Tiozinho", no sentido depreciativo, é aquele professor que gasta aulas e mais aulas dando conselhos aos alunos. Trata-os como se fossem seus sobrinhos. Quer saber tudo sobre a vida deles, o que fazem depois da escola, aonde vão, os lugares que freqüentam e emite opiniões a respeito de assuntos de cunho privado, que absolutamente não competem a ele. O professor tiozinho se sente um pouco psicólogo também. Começa desde logo a diagnosticar os problemas dos alunos e se acha qualificado para isso.

Usar o espaço da aula para dar conselhos ao aluno é perigoso. É diferente daquele em que o professor permite ao aluno sentir-se à vontade para conversar. As situações em que o aluno é levado a expor sua vida privada compromete o processo educativo. E isso não muda comportamento; a amizade e a confiança não podem ser forçadas, nascem de um movimento natural de convivência saudável.

12) Professor educador

O professor que se busca construir é aquele que consiga, de verdade, ser um educador, que conheça o universo do educando, que tenha bom senso, que permita e proporcione o desenvolvimento da autonomia de seus alunos. Que tenha entusiasmo, paixão; que vibre com as conquistas de cada um de seus alunos, que não discrimine ninguém nem se mostre mais próximo de alguns, deixando os outros à deriva. Que seja politicamente participativo, que suas opiniões possam ter sentido para os alunos, sabendo sempre que ele é um líder que tem nas mãos a responsabilidade de conduzir um processo de crescimento humano, de formação de cidadãos, de fomento de novos líderes.

Ninguém se torna um professor perfeito. Aliás, aquele que se acha perfeito, e portanto nada mais tem a aprender, acaba se transformando num grande risco para a comunidade educativa. No conhecimento não existe o ponto estático – ou se está em crescimento, ou em queda. Aquele que se considera perfeito está em queda livre porque é incapaz de rever seus métodos, de ouvir outras idéias, de tentar ser melhor.

A grande responsabilidade para a construção de uma educação cidadã está nas mãos do professor. Por mais que o diretor ou o coordenador pedagógico tenham boa intenção, nenhum projeto será eficiente se não for aceito, abraçado pelos professores porque é com eles que os alunos têm maior contato.

O artigo 13 da LDB dispõe sobre a função dos professores:

> *Artigo 13 - Os docentes incumbir-se-ão de:*
> *I. Participar da elaboração da proposta pedagógica do estabelecimento de ensino;*
> *II. Elaborar e cumprir plano de trabalho, segundo a proposta pedagógica do estabelecimento de ensino;*
> *III. Zelar pela aprendizagem dos alunos;*
> *IV. Estabelecer estratégias de recuperação dos alunos de menor rendimento;*

V. Ministrar os dias letivos e horas-aula estabelecidos, além de participar integralmente dos períodos dedicados ao planejamento, à avaliação e ao desenvolvimento profissional;
VI. Colaborar com as atividades de articulação da escola com as famílias e a comunidade.

Nota-se que o papel do professor, segundo a LDB, está muito além da simples transmissão de informações. Dentro do conceito de uma gestão democrática, ele participa da elaboração da proposta pedagógica do estabelecimento de ensino, isto é, decide, solidariamente com a comunidade educativa, o perfil de aluno que se quer formar, os objetivos a seguir, as metas a alcançar. E isso não apenas em relação à sua matéria, mas a toda a proposta pedagógica.

A LDB discorre sobre a elaboração e o cumprimento do plano de trabalho, trazendo à tona a organização do professor e a objetividade no exercício de sua função. No tocante à aprendizagem dos alunos, fala em zelo no sentido de acompanhamento dessa aprendizagem, que se dá de forma heterogênea, individual. Zelar é mais do que avaliar, é preocupar-se, comprometer-se, buscar as causas que dificultam o processo de aprendizagem e insistir em outros mecanismos que possam recuperar os alunos que apresentem alguma espécie de bloqueio.

O professor só conseguirá fazer com que o aluno aprenda se ele próprio continuar a aprender. A aprendizagem do aluno é diretamente proporcional à capacidade de aprendizado dos professores. Essa mudança de paradigma faz com que o professor não seja o repassador de conhecimento, mas orientador, aquele que trabalha para o desenvolvimento das habilidades de seus alunos. Não se admite mais um professor mal formado ou que pare de estudar.

O artigo, na sua conclusão, dispõe sobre a colaboração do professor nas atividades de articulação da escola, com as famílias e a comunidade. Aliás, para que o processo de aprendizagem seja eficiente, os atores sociais precisam participar e essa articulação é imprescindível. A parceria escola/família, escola/comunidade é vital para o sucesso do educando. Sem ela a já difícil compreensão do mundo por parte do aluno se torna cada vez mais complexa. Juntas, sem denegar responsabilidades, a família, a escola, a comunidade podem significar um avanço efetivo nesse novo conceito educacional: a formação do cidadão.

3. O diretor

No princípio era o Jardineiro. E o Jardineiro criou as Rosas. E tendo criado as Rosas, criou a chácara e o jardim, com todas as coisas que neles vivem para glória e contemplação das Rosas.

Machado de Assis

O objetivo, ao refletir sobre a figura do diretor da escola, é antes discutir questões educacionais e sociais do que pedagógicas. As funções de um diretor de escola parecem bem claras. O acompanhamento das normas das delegacias e secretarias de ensino, a responsabilidade por todo o armazenamento de dados dos alunos, juntamente com a secretaria, a presidência dos conselhos de classe, são finalidades que a lei determina e a maior parte dos diretores de escolas desempenha com certa tranqüilidade, em função da experiência no cargo.

O propósito é discutir o amplo poder de gestor da comunidade estudantil que é conferido ao diretor de escola. Trata-se de um cargo de liderança: sob sua responsabilidade atuam professores, alunos, coordenadores, orientadores, funcionários, famílias, membros de outras sociedades organizadas que se relacionam com as escolas. Como gestor, sua obrigação é atuar como um líder democrático que consiga fazer com que cada pessoa sob sua responsabilidade possa dar o melhor de si. Além disso, deve intervir para que o professor se sinta motivado, para que o aluno se sinta feliz, para que o espaço de convivência seja agradável.

Antigamente, a figura do diretor de escola estava relacionada a um certo autoritarismo: o aluno era enviado à sua sala para tomar reprimendas, para ser suspenso, para que os pais fossem chamados e medidas seriíssimas viessem a ser tomadas. Havia um medo mitológico dos alunos de ser chamados pelo diretor. Em tempos passados, havia a palmatória, cuja aplicação era prerrogativa do diretor de escola, "técnica corretiva" que ninguém questionava. É comum atualmente, por incrível que pareça, que alguns pseudo-educadores defendam a volta desse tipo de método disciplinar em estabelecimentos de ensino. Promovem até um discurso envolvente quando afirmam que nesse tempo havia respeito, que as escolas funcionavam bem, que os alunos tinham medo de não aprender e por isso eram disciplinados. Isso é tão equivocado como falar da antiga autoridade paterna, dos filhos que só se levantavam da mesa às refeições com a permissão do pai.

Os tempos são outros e não nos cabe discutir se melhores ou piores, e os filhos ou os alunos não têm a mesma disposição para a obediência e o respeito. O medo não leva mais à mudança de comportamento. O que leva à mudança de comportamento é o diálogo, a conquista, a formação da autonomia. De que vale aprender a obedecer, se esse aprendizado, em última instância, leva à obediência de ordens arbitrárias? Ter medo do diretor é mito ultrapassado.

Alguns professores, na tentativa de conter a indisciplina, continuam a ameaçar seus alunos com a figura do diretor. Sob o ponto de vista dos castigos físicos, há o Estatuto da Criança e do Adolescente, que impede as práticas medonhas que se cometiam antigamente. Do ponto de vista pedagógico, em nada contribuem ao aprendizado as ameaças que envolvem a função e o posto de diretor.

Como gestor, o diretor tem de cuidar de alguns aspectos que dizem respeito aos principais atores da educação:

1) Em relação ao professor – O professor precisa ser estimulado, precisa ser ouvido, precisa saber que existe um porto seguro onde ele pode discutir suas dúvidas metodológicas e pedagógicas. Ele tem de confiar no diretor como um parceiro mais experiente ou mais bem preparado pela função que ocupa. O diretor não deve chamar o professor apenas para esclarecer problemas; é preciso uma convivência contínua para que ele conheça cada um de seus professores. As reuniões pedagógicas podem ser enriquecidas com textos interessantes, com sugestões e comentários de filmes, de livros, de obras de arte. A busca de uma visão interdisciplinar, a mudança na grade curricular e a reflexão sobre os conteúdos que devem ser ministrados em cada uma das disciplinas são papel do líder, do diretor. Algumas escolas têm a figura do coordenador pedagógico, que atua um pouco nessa tentativa de conciliação entre as diversas disciplinas, mas, em geral, a responsabilidade está nas mãos do diretor, que tem de articular essa imensa tarefa com seu grupo de professores.

2) Em relação ao aluno – O diretor da escola, como líder, precisa fomentar a liderança dos alunos do estabelecimento que dirige. Para isso é preciso conhecê-los, estar presente nos intervalos, ir até a sala de aula para com eles conversar, chamar alguns deles, tentar identificar problemas, gerar um ambiente propício para que o aluno seja verdadeiro, não tenha medo, não precise inventar, fingir. Mobilizar o aluno para que sejam organizados grêmios estudantis, promover eleições de representantes de classes, gincanas, torneios. As atividades extracurriculares ajudam significativamente a incrementar o aprendizado, e o diretor tem a obrigação de proporcionar isso ao aluno.

Chamar o aluno para conversar apenas em situações extremas não é boa política. Conversar sobre vários assuntos, sobre a família, sobre a aprendizagem, significa deixar uma porta aberta para que o educando se aproxime. Não é preciso que o diretor se transforme em psicólogo. Mas se sentir que é necessário o acompanhamento de um profissional especializado, cabe àquele o encaminhamento e o incentivo para que o aluno procure orientação.

3) Em relação à família – O líder sabe ouvir, receber e seduzir. A família geralmente procura a escola quando algum problema se torna aparente: o filho tem apresentado notas baixas, não há dinheiro suficiente para pagar as mensalidades, o professor disse em público palavras desmerecedoras do filho, a bibliotecária cobrou multa supostamente injusta pelo empréstimo de um aluno, os preparativos para a festa junina estão atrapalhando o rendimento escolar, o professor não está corrigindo as tarefas, a escola concorrente aprova mais alunos no vestibular, a "coleguinha" deu um beijo na boca da "filhinha" e ambas têm três anos de idade, a mãe não quer que o filho esteja em companhia de determinados colegas, e assim por diante.

E o diretor tem de ouvir todas essas e muitas outras reclamações. Faz parte de seu papel de líder, de gestor. Quase sempre, apenas a atenção, a disposição do diretor em ouvir as reclamações e os temores dos pais sempre ciosos reduz pela metade a carga de tensão e aumenta a boa disposição de enfrentar problemas, de ambos os pontos de vista. Quando os pais percebem que do outro lado há uma pessoa equilibrada capaz de ouvir, de orientar, capaz de reconhecer o erro e de reafirmar um acerto, os alunos saem ganhando. Pode ser que os pais tenham razão, e é preciso aceitar críticas procedentes, com humildade. E, por outro lado, fazer visíveis os pontos essenciais, das quais não se pode abrir mão.

Atender aos pais com afeto é primordial; eles querem o melhor para os filhos, nem sempre pelos melhores métodos, mas estão convencidos de que sabem o que é o melhor. E se não aceitam determinados procedimentos da instituição, merecem toda a argumentação que embasou os métodos criticados. Os alunos não terão aula por causa da gincana cultural? Ninguém melhor do que o diretor para convencê-los de que uma gincana cultural pode equivaler a uma semana de aulas, pelos conhecimentos e experiências que serão adquiridos, ainda que de outra forma. O diretor também deve ser ético em relação a todas as entrevistas com os pais e guardar absoluta discrição sobre os assuntos tratados em seus atendimentos; os problemas de interesse comum serão discutidos em reunião com todos os pais.

Grande parte dos problemas de comunicação com os pais seria resolvida se o diretor os envolvesse em momentos de convivência na escola. Não as reuniões cansativas em que os pais têm de comparecer à noite, depois de um exaustivo dia de trabalho, para receber as notas dos filhos. Momentos culturais, leituras para os pais na biblioteca, um coral em que pais e filhos participem juntos, curso de computação para os pais, curso de violão para pais e filhos, semana de debates com temas previamente decididos com os pais, curso de dança, excursões. Ao estar mais integrados com a escola, os pais podem deixar de ser críticos contumazes e passar a defender a instituição em que os filhos estudam. Não basta reclamar da ausência dos pais em reuniões. É preciso que se criem momentos mais formativos e lúdicos do que as monótonas e antiquadas reuniões para motivá-los à participação.

4) Em relação à biblioteca – Esse é um espaço fundamental dentro de uma escola. Sua função não é a de ser depósito de livro nem de conhecimento. O conceito contemporâneo de biblioteca é de um centro de disseminação de saber, de cultura. O bibliotecário precisa ter apoio do diretor da escola para criar momentos culturais, exposições, piquenique literário, hora do conto, lançamento de livros, cursos.

O mito de que a biblioteca constitui um espaço sagrado é bobagem. A biblioteca é um espaço de cultura, e o aluno precisa ter acesso ao livro, ao jornal, ao vídeo. Precisa tirar dúvidas e pesquisar. Por isso, o papel do bibliotecário vem mudando muito. Aquela figura mitológica, sisuda, o estereótipo de quem gosta mais de livro do que de gente, dá espaço a um profissional criativo que visita os alunos nas salas de aula, fala sobre as novas aquisições, atende os professores, dá cursos sobre como elaborar trabalhos científicos, entre outras inúmeras atividades que podem ser incentivadoras da freqüência à biblioteca.

5) Em relação aos funcionários – O diretor, como líder, é responsável pelos espaços físicos e pelos funcionários que atuam na escola. O secretário, o faxineiro, todos devem ser tratados com respeito, principalmente por ser funcionários de uma escola – ambiente educacional por excelência. Alguns funcionários tendem a se apropriar de tarefas que não lhes cabem, o que é natural em qualquer empresa de qualquer natureza, por excesso de zelo; outros são acometidos de uma tal síndrome do pequeno poder. É o bedel que se acha o dono do café e ninguém pode, sem autorização, se aproximar da garrafa. E almoxarife que não cede bola de futebol em hipótese alguma a não ser no horário determinado pelo diretor, ainda que este tenha se ausentado por luto familiar.

Em relação ao ambiente escolar, é preciso organização e disciplina, e o aluno tem de entender que há limites. Mas a forma de comunicar isso tem de ser a mais tranqüila possível, o que evita problemas com o diretor, que, do começo ao fim, do simples ao complexo, é o responsável pelo sucesso dos alunos. Vive-se em um tempo no qual o diferencial de qualidade está no humano e não apenas no tecnológico. Todos, de forma mais rápida ou mais demorada, acabam tendo acesso à tecnologia. A pessoa humana é que precisa ser diferente.

O afeto com que os funcionários devem tratar os alunos é uma decorrência do afeto que eles recebem do diretor da escola. Como um diretor poderá inspirar respeito diante dos alunos se eles o vêem agredindo os funcionários mais humildes? O papel de líder é primordialmente o papel do educador. Aquele que ensina, que orienta, que dá oportunidade, que respeita o que cada um está fazendo é o primeiro a praticar a cidadania.

6) Em relação à comunidade – A escola tem de estar aberta à comunidade e pode proporcionar eventos para marcar sua presença e atuação. A relação com entidades organizadas facilita o trabalho do diretor nesse aspecto. Se o problema mais premente for o crescente aumento de usuário de drogas, é interessante discutir com a comunidade, por meio de um evento, por exemplo, uma Semana de Valorização da Vida ou Semana da Liberdade, em que esse tema seja debatido com a comunidade.

Como líder e como gestor, o diretor de escola precisa ser objetivo e atender efetiva e rapidamente as solicitações dos pais. O diretor que, em virtude das atribulações diárias, deixa de fazê-lo, cai em descrédito.

Há uma divisão em arquétipos que já foi utilizada em outros trabalhos e é bem cabível à figura do diretor. Pode-se dizer que o diretor, quando não é autêntico, serve-se de três tipos de máscara:

Diretor perseguidor

É aquele que o tempo todo persegue seus companheiros de trabalho, de forma mesquinha. Um professor tenta desenvolver um projeto e não dá certo; o bibliotecário marca um lançamento de livro e ninguém vai; o laboratorista oferece curso aos pais, ninguém comparece. E o que faz o diretor? Em vez de procurar as causas dos fracassos, aponta o dedo acusador justamente a quem teve iniciativas construtivas, a quem tentou organizar um evento.

Diretor de escola que é líder espera passar os piores momentos e corrige, incentiva, orienta, auxilia, mostra que errou também, e se for o caso, insiste em que todos estão ali para aprender juntos com as experiências. Ninguém pode ser culpado do insucesso de uma iniciativa positiva. É muito cômodo privar-se da participação para apontar os erros depois do fato consumado. É um papel covarde, indigno de alguém que ocupa uma posição como essa.

Diretor salvador

Esse tipo costuma se colocar como a solução para os problemas de todos: quem está do lado dele, está salvo. Quem está contra está no outro time e não precisa contar com sua ajuda. E quem é o outro time? Não pode haver dois times em uma escola. É preciso respeitar as diferenças e construir uma liderança participativa, democrática. Ele chama um aluno e diz que pode salvá-lo de punições se ele entregar o nome de quem fez a estripulia. Mau educador, não é assim que vai ganhar respeito nem do aluno, nem do grupo. Ninguém é a salvação de ninguém. O grupo tem de crescer junto.

Diretor vítima

É digno de compaixão este tipo de diretor: a responsabilidade sobre todo e qualquer episódio recai nele, segundo ele próprio. As frases que mais se ouvem dele são: "Se vocês soubessem as dificuldades que eu tenho. Se vocês tivessem, como eu, de atender determinada família. Não faz mal, podem ir embora, sobra sempre tudo para mim mesmo. Podem deixar a bomba que eu resolvo, eu estou aqui para isso mesmo". Estampa sempre aquele ar de cansado para mostrar que trabalha muito, está sempre ofegante, suando, bufando. Diretor tem de ter cara boa, de estar bem até na aparência. Deve demonstrar que é feliz pela atividade que exerce, e não que se trata de um fardo conviver com aquelas pessoas que estão sob sua responsabilidade. Ninguém é vítima. Dirigir uma escola é uma atividade nobre, além de ser, normalmente, remunerada à altura.

Essas máscaras – perseguidor, salvador e vítima – não decorrem do cargo, mas da natureza humana. Isso pode servir ao professor, ao pai, à mãe, ao funcionário, a qualquer ser humano que em suas relações pessoais e profissionais se vale de máscaras, gerando uma convivência complicada e cheia de atritos.

O papel de diretor de escola é o de líder. Tudo ficará mais fácil se ele permitir uma participação democrática dos outros sujeitos da educação na tomada de decisões, entretanto é importante que se lembre: poder se delega, responsabilidade, não. Que o diretor nunca se esquive da responsabilidade de atuar como o gestor de seu ambiente de trabalho. Que ele saiba ouvir a comunidade interna e externa, que seja um observador de tudo o que está sendo realizado por seus concorrentes e não se encastele em sua sala aguardando a ocorrência dos problemas para servir de profeta do fato consumado.

O novo conceito de gestor é o daquele que vai até seus companheiros e com eles interage, e observa, e resolve, e participa, e constrói.

Capítulo III

Três pilares da educação

Viver e não ter a vergonha de ser feliz
Cantar a beleza de ser um eterno aprendiz
Eu sei que a vida deveria
Ser bem melhor e será
Mas isto não impede que eu repita
É bonita, é bonita, e é bonita.

Gonzaguinha

A divisão que apresentaremos – habilidade cognitiva, habilidade social e habilidade emocional – vale, adapta-se para as funções pedagógicas; uma não pode estar dissociada da outra.

1. Habilidade cognitiva

A lógica é a força com a qual o homem algum dia haverá de se matar. Apenas superando a lógica é que se pode pensar com justiça. Pense nisso: o amor é sempre ilógico, mas cada crime é cometido segundo as leis da lógica.

GUIMARÃES ROSA

Habilidade cognitiva é a habilidade de absorver o conhecimento e de trabalhá-lo de forma eficiente e significativa. Não se trata de um "cognitivismo" que ignora outras dimensões da aprendizagem como a social e a emotiva. Falar em habilidade cognitiva significa falar em seleção de conteúdos, adequados para cada nível escolar; o corte epistemológico para saber o que tratar nessa tentativa de formação do cidadão, e não apenas de preparação do jovem para o mercado de trabalho, que mudaria absolutamente o enfoque.

O aluno tem de ser preparado para abraçar uma profissão, mas não só para isso, senão seria uma forma de manejar um conhecimento específico, que poderia envelhecer, e não se desenvolveria a aptidão para o *aprender a aprender*. Não se trata de um corte que opte por um conhecimento de aplicabilidade efêmera, como se faz em alguns cursos de especialização com alunos já formados em universidades. Nesse caso a opção cognitiva é preparar, por exemplo, o engenheiro a trabalhar uma técnica específica de construção que, alguns anos depois, mudará; mas o engenheiro não aprendeu só isso; foi uma especialização a mais, e ele fará outras e muitas em sua carreira profissional.

A base tem de ser ampla, universal – trata-se da ótica interdisciplinar do desenvolvimento humano. Qualquer que seja o ramo de atividade a ser exercida profissionalmente, o cidadão deverá ter familiaridade com outras áreas do conhecimento que não somente aquela na qual se especializou. Não precisará um delegado conhecer de psicologia? Não precisará um bacharel em turismo conhecer história ou literatura? Não precisará um professor conhecer diversas áreas afins para bem orientar seus alunos? Um advogado precisa conhecer marketing, um administrador de empresas precisa entender de relações públicas. Não há conhecimento fechado, e qualquer reducionismo seria danoso ao desenvolvimento das habilidades dos alunos.

O conhecimento envelhece, o que não envelhece é a habilidade para o conhecimento. Isto é, o que foi aprendido pode não ter mais um sentido factível, mas o *aprender a aprender* sempre terá. Há muita coisa que se estudou há alguns anos e está absolutamente ultrapassada desde o advento da informática. O mesmo ocorre na medicina; imagine-se um médico que há três anos estudou técnicas de cirurgia para a correção de miopia e astigmatismo e desde então não mais estudou nem leu, nem se atualizou. Ele estará pondo em risco a saúde de seus pacientes. Não adianta ao advogado ser mestre ou até doutor em sua área se ele não continuar a estudar – todos os dias há elaboração e votação de novos projetos de lei bem como a decisão de tribunais que se constituem em jurisprudência.

Não há conhecimento estático. Tudo está em constante transformação e é preciso que se acompanhem as mudanças no conhecimento para que não se envelheça com ele. O *aprender a aprender* não envelhece nunca. Trata-se de habilidade, de uma constante perspectiva de lançar-se ao novo através de cursos, leituras de livros, revistas, jornais, internet, pesquisas, análise de outros profissionais. Não pode haver acomodação ao conhecimento já adquirido ou ao patamar profissional anteriormente atingido. Aquele funcionário que chegou ao cargo de chefia, de diretoria ou até de presidência de uma organização e fica tranqüilo porque atingiu o topo pode ficar intranqüilo, porque tão ou mais difícil do que chegar ao topo é manter-se nele. Para isso exige-se uma atitude de disposição para *aprender a aprender*.

Sendo a habilidade mais importante do que o conteúdo no processo de aprendizagem, um fator que contribui decisivamente nesse processo é a dimensão interdisciplinar, ou até mesmo a transdisciplinar. Sob o enfoque da interdisciplinaridade, o conhecimento não é compartimentado; as disciplinas conversam entre si.

Um aluno sai de uma aula de história em que está estudando o feudalismo, entra em outra de português cujo tema é o trovadorismo, vai para a geografia política e estuda a descentralização do poder e na aula de filosofia o autor do dia é Tomás de Aquino – ele consegue relacionar as diferentes áreas e ter uma visão de conjunto sobre vários aspectos da Idade Média. Isso não ocorre por acaso, pois os professores preparam antecipadamente o conteúdo que faculta essas relações para facilitar ao aluno a apreensão e a compreensão do conhecimento.

Não se trata de memorizar, mas de relacionar, por meio de críticas, de síntese, de diálogo de área com área, de conhecimento com conhecimento. Fica mais fácil para o aluno perceber a descentralização política medieval promovida pelos feudos por causa do poder da Igreja. Fica mais fácil entender que esse poder da Igreja levou a um período marcado por um pensamento teocêntrico, em que a filosofia teve um caráter profundamente religioso, e que a arquitetura gótica tem esse sentido, bem como a literatura trovadoresca. Isso é muito mais significativo do que decorar nomes, datas e características do trovadorismo e esquecer seu significado depois da prova.

Ao entender e relacionar esse conhecimento, ao conseguir falar e escrever a respeito dele, a possibilidade de absorvê-lo permanece para toda a vida. Anos mais tarde, quando esse aluno visitar cidades antigas e igrejas góticas, irá lembrar-se do que representa esse estilo arquitetônico e poderá, de fato, tirar proveito de suas viagens; no âmbito profissional, quanto maior for a gama de conhecimento, mais e melhores chances se apresentarão porque a qualidade imprescindível aos trabalhadores do século XXI é a versatilidade.

Na transdisciplinaridade ocorre também esse diálogo entre áreas: por meio de um grande tema, de um tema nuclear, é possível discutir todas as disciplinas, fazer com que elas sirvam ao interesse de se chegar à compreensão do tema. Em verdade, ele nem é o mais importante, mas sim a forma de tratá-lo. Imaginem que o tema gerador seja a amizade; como se consegue trabalhá-lo sob o ponto de vista histórico? Estudar a história da amizade, as relações na vida pública e na vida privada. Em filosofia, estudar a dimensão de poder por meio da amizade. Em matemática, física ou química, como se abordaria esse tema? Seriam feitas reflexões sobre as sensações humanas, o medo, a solidão. As retas, o plano, a trigonometria das ruas do Rio de Janeiro em que conviveram amigos – Vinicius, Toquinho, Tom Jobim –, e daí para a literatura, para estudar suas composições.

O tema gerador poderia ser a consciência nacional – todas as disciplinas estariam à disposição para dialogar a respeito do conteúdo. Estudar uma cidade, por exemplo, significa estudar a origem dos seus habitantes, os imigrantes que ali se radicaram, sua geografia física, a química de sua culinária ou a dos poluentes, se se tratar de uma cidade industrial.

Um tema gerador é o que mobiliza todo o corpo docente para o diálogo sobre o conteúdo que será ministrado. Ele origina o processo de aprendizagem; o conteúdo começa a ter sentido para o aluno e a matéria deixa de ser apenas uma etapa a ser vencida para que se obtenha a aprovação. É lamentável reduzir um movimento literário como o Romantismo, por exemplo, a uma prova de final de bimestre ou uma época histórica como a do Império Romano a uma ou duas avaliações anuais.

O professor que ainda trabalha apenas com pergunta e resposta, como já se afirmou anteriormente, não contribui para uma aprendizagem ampla e permanente, mas estimula apenas a memorização.

Para trabalhar melhor a habilidade cognitiva, à guisa de exemplificação, vamos colocar algumas matérias que poderiam ser introduzidas à grade curricular e alguns temas que poderiam ser tratados de forma transversal, isto é, passando por todas as matérias. O ideal, na verdade, seria inter-relacionar todas as áreas, abordando o conteúdo por meio de temas geradores. Entretanto, como se sabe da dificuldade das escolas para proceder dessa forma, a sugestão de algumas novas matérias pode contribuir para atingir o objetivo de formação do cidadão.

São sugestões tão-somente que não precisam ser acatadas como um conjunto; quanto menos a grade curricular estiver engessada, maior será a possibilidade de flexibilização. Certamente, não há que alterar a grade com freqüência, por vezes, somente o conteúdo precisará ser mudado. Essas matérias podem ser ministradas em níveis diferentes, dependendo da discussão com o corpo docente e discente, além da participação dos pais.

Um processo riquíssimo de participação da comunidade na escola seria a discussão conjunta das novas matérias que enriqueceriam a grade curricular. Aliás, esse é o propósito da Lei de Diretrizes e Bases da Educação, que propõe uma base nacional comum, a fim de viabilizar certa uniformidade na educação em todo o país e uma parte diversificada, obedecendo-se às características regionais e locais da sociedade, da cultura, da economia e da clientela (art. 26 da LDB).

Nesse rol de possibilidades, que seria a de um olhar ampliado para o universo do educando e para a execução do objetivo do aprender a aprender, eis algumas disciplinas:

1) Filosofia

A filosofia não é uma disciplina nova, mas é a mãe de todas as outras disciplinas. De um tempo para cá, no entanto, por motivos políticos, deixou de ser oferecida na grade curricular das escolas. A importância da filosofia reside no fato de que a capacidade de reflexão conferida pelo aprendizado dessa ciência aproxima o aluno do conhecimento do mundo e do conhecimento de si mesmo. Não se trata de estudar a filosofia como uma abstração. Filosofia é vida. É pragmática. O amor pelo saber pode ser um instrumental de transformação do aluno e do professor.

A sugestão é que a filosofia seja ministrada de forma cronológica – isto é, estudar a história da filosofia – filosofia antiga, filosofia medieval, filosofia moderna e filosofia contemporânea. Dessa forma, temas fundamentais como ética, amor, vida, morte, política, democracia, senso crítico, lógica, estética etc., poderão ser contextualizados em cada período histórico, com grande proveito da interdisciplinaridade.

Quando se estuda a filosofia através de temas, pode haver uma tendência à banalização, à vulgarização, porque falta o substrato histórico que embasou cada linha de pensamento em seu tempo. Por exemplo, um professor que decide promover debates em sala de aula põe, em um dia, a pauta pena de morte, no outro dia, o aborto; no outro, ainda, a descriminalização da maconha, e assim sucessivamente. Dois problemas decorrem dessa atitude: o primeiro é a falta de conteúdo e o segundo, a falta de método; o conhecimento fica jogado e a habilidade não é trabalhada. Cada aluno continua defendendo seu ponto de vista subjetivamente porque a base para o debate é pobre.

Diferentemente, ao se abordar o pensamento de Sócrates, ao estudar seu conceito de liberdade, o uso de drogas ou a pena de morte, dentro de um pano de fundo histórico-evolutivo, há um elemento teórico fortemente ligado a fatos concretos. A sugestão é que a filosofia esteja no currículo dos dois primeiros anos do ensino médio. Exceção seja feita ao excelente trabalho no ensino da filosofia para crianças.

2) Artes

Também não é novo o ensino da arte, entretanto o enfoque que se tem dado em grande parte das escolas no que diz respeito às aulas de artes é bastante pobre. A arte não pode se resumir a propostas de trabalhos manuais e artesanais. Não que isso não possa ser feito, mas é preciso dar um sentido para o trabalho artístico. A arte, esteticamente falando, é a expressão dos mais nobres sentimentos da liberdade humana. A arte é capaz de despertar para a sensibilidade.

Projetos de teatro, por exemplo, em que várias formas de manifestação artística possam ser trabalhadas, são bastante enriquecedores porque o teatro trabalha concretamente diversos aspectos da manifestação artística. Um grupo que pode contar com o apoio do professor de português ou de história se encarrega de buscar um texto para ser representado. Outro grupo vai pesquisar o cenário, outro, o figurino; outro, a iluminação; outro, a representação ou direção, e assim sucessivamente. E o foco gerador, que será a peça, servirá para vários estudos da educação artística.

Outra forma de ensinar artes pode ser pela história da arte, isso com elementos sedutores, de atuação, de participação dos alunos, para que não seja uma aula a mais de história.

A arte é fundamental para desenvolver a sensibilidade do aluno. É um dos caminhos mais eficazes para trabalhar a agressividade, a violência; uma forma de recuperar criaturas tidas por perdidas. E essa função não pode ser relegada a segundo plano porque "não cai no vestibular".

Essa disciplina deve estar na grade curricular em todas as séries.

3) Educação física

Apesar de antiga no currículo escolar, deve haver sérios motivos para explicar a incidência de alunos que pedem dispensa da aula de educação física enquanto as academias de ginásticas estão lotadas. Não que se deva reduzir a educação física escolar a práticas como a musculação.

Entretanto, a aula de educação física não pode ser dada da forma como a que se verifica em grande parte das escolas. Algumas, para dinamizar a aula, optam pela prática de esportes, sem dúvida importante, mas apenas uma das possibilidades da atividade física. E o problema é que o esporte sempre consiste no agrupamento dos melhores em determinadas habilidades; é o time dos melhores alunos de vôlei ou dos melhores alunos de futebol ou de basquete. E a maioria? Assiste passivamente? Sobre o esporte, ainda abordaremos habilidade social.

A educação física, como bem diz o nome, é uma educação para o trabalho com a habilidade do físico, do corpo, da mente. É uma educação para a qualidade de vida, tão almejada em nosso tempo de predominância sedentária. O conhecimento dos limites do corpo; o grau de capacidade de harmonia do corpo com atividades a ser desenvolvidas que exigem concentração; a beleza de toda a história da educação física e do esporte. O professor de educação física tem o privilégio de lecionar fora da sala de aula – onde, aliás, deveriam estar também os outros professores – e precisa aproveitar essa oportunidade para que seu curso seja o mais sedutor e envolvente possível.

Uma idéia de tema gerador pode ser a qualidade de vida. São vastos os artigos em revistas e jornais a esse respeito, e a criança e o adolescente precisam estar preparados para não reduzir uma atividade tão rica na simples busca desenfreada pela beleza física.

Essa disciplina deve estar na grade curricular em todas as séries.

4) Oratória

Essa disciplina é tão nova quanto Aristóteles, que trabalhava a necessidade de desenvolver a habilidade do convencimento, de argumentação.

A oratória é a capacidade de expressão do cidadão, seu poder de convencimento, que é imprescindível para qualquer área que venha a ser seu exercício profissional. De técnicas de desinibição ao preparo da voz, do corpo, às técnicas de negociação. O saber ouvir para poder falar, a convivência que é obtida por meio de contatos sociais. O radicalismo e o fanatismo interferem no processo de desenvolvimento da oralidade, da fluência verbal.

A sugestão é que os alunos tenham em todas as séries aulas de oratória. Obviamente é preciso adequá-la às especificidades de cada nível. Na educação infantil, pode-se aprender a dar um recado ou a contar uma história, um fato ocorrido no cotidiano da criança. No ensino fundamental, técnicas que vão desde a leitura de um texto até o processo de construção de discursos, que têm carga diferente quando preparados para ser lidos ou proferidos: o discurso político, o discurso empresarial, o discurso de personalidades de vulto.

O professor de oratória pode e deve estar trabalhando em conjunto com professores de português, de história, de geografia, de artes, para a preparação dos artistas, de educação física, para exercitar o diafragma, a respiração, a impostação de voz e assim por diante.

Sabe-se também da dificuldade de encontrar profissionais que saibam atuar nessa área. Uma possibilidade é trabalhar com os professores de português, apenas oferecendo oficinas com professores de canto, assim aqueles podem incorporar ao conhecimento que possuem do discurso algumas técnicas essenciais à oratória. Em escolas que iniciaram essa atividade, o sucesso foi grande

– dependendo sempre, evidentemente, como em todas as disciplinas, do talento do professor.

Sugere-se que a oratória seja inserida na grade curricular de todas as séries.

5) Ética e cidadania

Ética e cidadania são os pontos centrais da educação que se quer construir. O ideal seria que tivessem tratamento como temas transversais, isto é, todos os professores discutindo em todas as áreas as questões relacionadas à ética e à cidadania. Entretanto, como ainda há dificuldade na aplicação da interdisciplinaridade ou transdisciplinaridade, pode-se oferecer esse conceito como matéria em várias séries, alterando sua nomenclatura no currículo, como, por exemplo, ética em uma ou mais séries, cidadania em outra, política contemporânea, atualidades e até direitos do cidadão.

O enfoque é a ética, mas o corte epistemológico faz com que vários novos horizontes se abram. Riqueza enorme seria a de construir coletivamente com o corpo docente o conteúdo dessa matéria.

As questões contemporâneas podem ser priorizadas por meio da discussão de artigos de jornais e revistas, tendo sempre um pano de fundo do que se quer se tratar. Da mesma forma que na filosofia, seria importantíssimo que o professor fizesse uma viagem histórica pelo conceito da ética e pela evolução do exercício da cidadania, para que o tema não ficasse descontextualizado. O conceito de ética muda muito ao longo do tempo e dialoga com outro conceito interessante, o da moral. Por meio desse enfoque teórico é possível discutir temas mais pontuais e aparentemente menos complexos, como a relação com os vizinhos, a vida em sociedade, os direitos e deveres do ser social, o comportamento político e assim por diante.

6) Cultura popular

Já se falou anteriormente da importância do resgate cultural na formação de um cidadão. Resgate que permite que o aluno conheça melhor sua história e, ao conhecê-la, dela se aproprie.

O objetivo dessa matéria seria discutir e viver a cultura regional. Fazer com que os alunos possam visitar pessoas, construções, elementos da natureza; conhecer o folclore, as danças, a música de todas as manifestações de cultura popular que marcam a tradição em determinada região. Sem esse enfoque, corre-se o risco de perder, de deixar morrer tradições centenárias da cultura brasileira.

Atualmente o conceito ampliado de meio ambiente demonstra a importância e a necessidade da preservação do ambiente cultural, e a difusão desses valores pode ser feita por meio da cultura popular.

A cultura popular pode ser trabalhada em qualquer série. Por exemplo, na 7ª e na 8ª série do ensino fundamental.

7) Educação ambiental

Essa disciplina serviria como tema transversal que deveria perpassar todas as áreas, como ética e cidadania, para inserir o aluno em seu ambiente, seja ele natural, seja artificial. As especulações sobre a continuidade da existência do ser humano na Terra e a qualidade dessa existência devem ser os fatores geradores das discussões. Desde as grandes preocupações, como a destruição das matas, a contaminação das águas, o prognóstico da falta de água no planeta, a consciência do espaço urbano – por que é prejudicial jogar papel na rua, por que a tecnologia deve ser usada para minimizar efeitos poluentes dos automóveis, por exemplo –, até as práticas de reciclagem, aproveitamento de material e sua função social.

Esse é apenas um dos enfoques da educação ambiental. Os outros dialogam claramente com ética e cidadania e cultura popular. Por exemplo, pode-se discutir o ambiente prisional, o ambiente reservado aos menores infratores – como um diálogo com a ética –, e estender o assunto para a polêmica questão do sistema penitenciário brasileiro. O meio ambiente no trabalho – a visão crítica de como e onde se encontra a maioria dos trabalhadores brasileiros e a questão da qualidade de vida, em diálogo com a educação física, desenvolvendo-se atividades de estudo do meio em áreas de preservação ambiental, com a realização de caminhadas, acampamentos etc.

Adequando o currículo, pode-se dar educação ambiental em séries distintas, como na 5ª e na 6ª.

8) Política

Pode este tema estar inserido no programa de ética e cidadania ou ser tratado como um programa separado.

A política é a relação do ser humano com seu grupo, a construção de mecanismos de uma convivência possível entre seres tão desiguais. O estudo da política pode enfocar, fundamentalmente, a estrutura de poder vigente no Brasil. Pode deter-se no estudo de detalhes como o funcionamento dos três poderes – executivo, legislativo e judiciário – e o papel de cada um deles. Quais as funções de um vereador, de um deputado estadual, de um deputado federal ou de um senador? Por que o Brasil tem um sistema bicameral? Quais as funções do poder executivo? O que precisa da aprovação do poder legislativo? Como funciona a Justiça no Brasil? Como são escolhidos os ministros do Supremo Tribunal Federal? Priorizar nas discussões políticas o sistema de poder escolhido pelo Brasil. Além dessas questões, discutir os partidos políticos, as diversas ideologias. E, importante, sair da sala de aula, levar os alunos para assistir a sessões na câmara de vereadores ou de deputados, entrevistar juízes e promotores ou o prefeito.

Política é uma disciplina para ser dada preferencialmente no ensino médio. Se filosofia for ministrada no 1º e no 2º ano, política poderia ser dada no 3º ano do ensino médio.

9) Assembléia de classe

O aluno precisa sentir-se responsável por seus atos, saber que de sua atuação depende a melhoria das condições para sua aprendizagem. A assembléia de classe seria um momento de exercício de democracia na sala de aula, momento propício para o aluno tentar compreender seus erros e acertos. Conduzida por um professor responsável pela classe, objetiva permitir que o grupo participe ativamente da aprendizagem, apresentando todos os problemas que impedem ou dificultam esse processo, desde questões de relacionamento com o professor e entre os alunos até problemas de comportamento como agressividade, falta de atenção e outros. Como os alunos terão aula de oratória, seria uma oportunidade de começar a exercitar, dentro de um espaço democrático, o poder de argumentação.

Esse processo, ao contrário do que muitos temem, auxilia a solucionar problemas. O aluno precisa ter espaço para criticar, para falar, para se analisar. Quando um grupo da classe aponta outro grupo como fonte de discórdia, por exemplo, ninguém é acusado de delator justamente porque há franqueza e boa intenção na exposição dos fatos em assembléia. Todos estão discutindo juntos e aprendendo juntos que da boa relação da classe depende o processo de amadurecimento e de aprendizagem. Em todas as séries o professor pode trabalhar dessa forma.

10) Teatro

Com o teatro há a possibilidade de se trabalhar múltiplas habilidades do aluno. Além de toda a riqueza que a arte de representar encerra, o teatro possibilita a utilização de técnicas de desinibição, de improvisação, de trabalho em equipe, o que é fundamental. De nada adianta um ator ser bom se, no palco, um precisa do outro e o que está mais bem preparado pode ajudar o outro a se preparar melhor. A pesquisa teatral também é riquíssima. Costumes de épocas diferentes, textos instigantes, alguns podem até ser formulados pelos próprios alunos, o que também é viável.

Outro detalhe importante do teatro é o trabalho com a sensibilidade. O aluno que se mostra ou tímido, ou indiferente, ou agressivo se transforma com a arte quando pode desenvolver sua sensibilidade. A arte é libertadora.

Essas disciplinas sugeridas não retiram a importância e a necessidade de revisão de conteúdo de todas as outras matérias. Não é possível mais, em disciplinas como ciências ou em biologia, deixar de abordar a sexualidade, a afetividade, o namoro, o uso de preservativos, as doenças sexualmente transmissíveis. Isso também se pode discutir em outras matérias, sempre com conhecimento de causa e a preocupação em não vulgarizar a discussão. Em matemática, ainda como exemplo, em vez de propor que os alunos decorem uma infinidade de fórmulas, seria interessante fazer com que entendam como os matemáticos chegaram à fórmula e mostrar a evolução do raciocínio, isto é, trabalhar com a ciência da matemática. Em física, apresentar exercícios do cotidiano utilizando como exemplo as práticas de que os jovens gostam, como ciclismo, automobilismo. A química – quanto há para tratar nessa matéria com relação aos alimentos, aos transgênicos, à culinária, às alterações provocadas no ambiente e seus efeitos nos organismos vivos, ao uso de produtos degradáveis.

As matérias como inglês ou espanhol ou qualquer outro idioma também têm de ser envolventes. Os alunos que estudam inglês na escola ficam anos estudando apenas os verbos auxiliares e terminam por desconhecer a língua por falta de aplicação prática.

Qual o sentido de memorizar tantos nomes de rios, de planícies e de serras em geografia? Não que não seja importante, mas, como sempre, o ensino descontextualizado não motiva o aluno, e há tantos jogos disponíveis para esse tipo de compreensão assim como possibilidades de passeios em que se concretizam conceitos dos acidentes geográficos. Há a geopolítica para explicar a nova ordem mundial – a passagem de um mundo bipolar, na Guerra Fria, para um mundo globalizado ou um mundo unipolar com a supremacia americana – e desvendar temas fascinantes e absolutamente relacionados com o cotidiano.

O conteúdo é vasto e fascinante. O saber, o conhecimento é apaixonante. Seria um desperdício não aproveitar a oportunidade, o privilégio de ser educador para auxiliar o aluno a crescer mais e melhor, e crescer de forma envolvente. Fazer com que ele leia um livro e goste do autor porque entendeu sua intenção, sua linguagem, o momento histórico da narrativa, o tipo de personagem que criou. O professor tem nas mãos a responsabilidade de orientar o aluno de tal forma que o conhecimento não lhe seja um peso, mas um novo horizonte que se descortina.

Não se pode mais conviver com o prejudicial engessamento da grade curricular ou dos conteúdos, com o mito de que, se toda a matéria programada no início do ano letivo não for dada, o aluno estará reprovado no vestibular e a escola será culpada por ter deixado de trabalhar alguns conteúdos necessários. Esse é outro paradigma. Ninguém conseguirá passar todo o conteúdo na escola, porque o conteúdo não é estático, está em constante mutação, novas questões se apresentam, novos problemas, novas hipóteses. O livro didático deve ser um manual, um guia auxiliar, e não pode personificar o impedimento à criatividade do professor, que fica preso a ele aula a aula, o ano inteiro, sem margem para dialogar ou interagir.

O conteúdo será rico e dinâmico se for visto como um meio e não como um fim. O fim é o *aprender a aprender*. O fim é a habilidade.

2. Habilidade social

Deus deu aos homens a terra firme, as lagoas e os mares mansos. Mas o mar absoluto, esse ele deu ao perigo e ao abismo. Então, o jeito é só navegar no marzinho sem perigo e sem abismo! Pode ser. Mas aí o olho da gente fica feito olho de boi, parado, nada vê, e quando vê fica assustado. Deus é perigo, é abismo. Mora no grande mar. Por isso que é só nele que se espelha o céu. Quem viu o céu espelhado no abismo e no perigo esse terá, para sempre, no olhar, o brilho da eternidade.

RUBEM ALVES

A discussão sobre as relações interpessoais está na ordem do dia. Em tempos não tão distantes experimentou-se, principalmente nas cidades menores (e as grandes capitais eram bem menores), uma convivência social bastante intensa. Sem a chamada grande diversão doméstica, a televisão, as conversas proliferavam nas esquinas, nas calçadas, nos interiores dos lares enquanto as crianças inventavam brincadeiras das mais diversas. Nas noites quentes de verão, quase ninguém ficava em casa e, como não havia o perigo das gangues, da violência, dos assaltos, até altas horas da noite as conversas eram jogadas fora, como diziam. Os mais poéticos faziam saraus, contavam histórias. As pessoas se visitavam.

Bem, isso foi há algum tempo, e quem é muito mais jovem acha que é coisa de ficção. Assim como coisa de ficção seriam as lembranças das conversas na cozinha enquanto a lenha aquecia o fogão. Coisa de gente romântica, de outra realidade. E os namoros, como mudaram. Continuamos românticos, é claro, mas de outros modos – até de modo virtual. E sem correr o risco de ficar em saudosismo, há muito a ser dito sobre esses tempos e sobre os desafios de hoje, pois naquela época também havia problemas e também havia desafios.

A vida em sociedade é necessária e essencial. O ser humano não consegue se desenvolver sem o outro. As relações são difíceis, complicadas, mas ninguém duvida de que não há como viver sem elas. Não há saída, é preciso enfrentar a diversidade e conseguir costurar relacionamentos, que se dão em vários níveis: há os familiares, os escolares, os profissionais, os eventuais, os duradouros, os sexuais, os afetivos, os políticos e outros, de modo que não existe momento de nossa vida em que não estejamos nos relacionando com alguém.

Em uma relação profissional as cobranças são enormes. Geralmente há uma disputa grande pelo poder, uma necessidade de galgar outros postos; devido a isso o outro, aquele que estiver mais próximo, acaba sendo um concorrente indesejável, quando poderia se tornar um amigo. E não adianta desejar a morte do competidor porque outro aparecerá e outro, e outro mais. A questão é a habilidade para enfrentar desafios sem se machucar e machucando o mínimo possível, estar preparado para conviver socialmente, para competir com dignidade, para abandonar o barco, se necessário for, por sentir que há outros mares mais interessantes para ser navegados. A teimosia pode ser uma qualidade ou um defeito. Será qualidade se houver discernimento. Será defeito se for cega, obsessiva, burra. E é importante preparar.

Outro aspecto da dimensão social é a convivência em uma sociedade plural. Vivemos num mundo de incluídos e excluídos, como já foi dito, em que a minoria rica só se importa com a maioria miserável quando é atingida, quando é vítima de violência, de insulto, ou vê risco para seu patrimônio. Um mundo absolutamente desigual em que pais bem-sucedidos tentam poupar os filhos das atrocidades a que são fadados os miseráveis. Optam por viver em condomínios distantes, cercados de luxo, com segurança absoluta. Optam por escolas próximas para que os filhos não tenham de conviver com a miséria, como se fosse possível criá-los para sempre em redomas. Não é possível! É preciso prepará-los para a vida, para a convivência com os diferentes, para diminuir o abismo social que divide este nosso país. Se forem protegidos demais, serão ingênuos e estarão mais vulneráreis na guerra social ou então contribuirão para acirrá-la.

A escola também tem de preparar para a convivência plural, seja qual for a diferença. A separação em salas especiais para deficientes é absolutamente contrária ao espírito da LDB. É preciso que os alunos, num mesmo espaço, sejam cobrados de forma diferente pelo professor que conhece as limitações de cada um, para que possam conviver em igualdade. Que cada um possa conhecer a limitação do outro e experimentar a dimensão da solidariedade. Um aluno com limitação auditiva terá necessidade de apoio especial, que será dado pelos colegas;

assim também o que tem dificuldade visual, dificuldade de aprendizagem, qualquer deficiência física.

No mundo do trabalho, no mundo social, os desiguais estarão convivendo. Não faz sentido imaginar que se crie uma sala somente com os alunos brilhantes, outra com os medianos, outra com os medíocres, outra com os levados e outra com os que possuem algum tipo de deficiência, sempre segundo pontos de vista subjetivos. Isso é um crime contra alunos que começam a ser rotulados desde cedo. Mesmo os chamados brilhantes são rotulados. Ficam todos em pólos distantes da relação, cada qual reclamando do grupo em que foi colocado e com medo da opinião do outro grupo.

A habilidade social é a preparação para a convivência em uma sociedade plural. A preparação para o trabalho em grupo, em equipe, cuja aprendizagem pode ser significativa. O professor que dá uma aula teórica, do tipo tradicional, pouco colabora para o trabalho em equipe, não incentiva a cooperação do grupo, não lança desafios. Apenas decide de forma arbitrária o conteúdo a ser desenvolvido e o faz sem a menor preocupação em saber o que a aluno pensa, o que ele quer ou o que sabe. Quem decide o que o aluno deve ou não saber é ele, o professor. A habilidade social é deixada de lado porque a convivência é mínima e o exercício de companheirismo não pode ser realizado.

Alguns pais, quando percebem que os filhos têm grande facilidade de aprendizagem, resolvem mudá-lo de escola ou exigem que o filho seja colocado em uma sala adiantada para não desperdiçar a brilhante inteligência.

Esquecem-se de que a convivência social faz parte do processo e nem sempre é interessante ao aluno mudar de escola ou de grupo. Isso pode causar bloqueio, dificuldade de acomodação ao novo grupo em um momento que pode ser fundamental o convívio para a formação de sua auto-estima.

Outros pais, por chegar à conclusão de que o filho tem uma inteligência especial, é um "superdotado", querem logo vê-lo na faculdade, pulando etapas, sendo exibido como portador de uma capacidade de memória exemplar. É preciso que se diga que, além da exposição desnecessária, a capacidade de memorização não significa nem habilidade cognitiva muito menos social. O aluno precisa amadurecer socialmente em sua convivência com o grupo, que se torna uma chave para o sucesso, visto que na vida profissional o convívio social será imprescindível. O respeito ao outro, a disposição para ajudar e ser ajudado, a troca de experiência, a convivência com o sucesso e o fracasso do outro com uma atitude de maturidade e de coleguismo, tudo faz parte dessa habilidade.

Alguns elementos podem ser destacados na convivência social, entre eles a solidariedade. Solidariedade não pode ser entendida como assistencialismo, em que o rico estende a mão ao pobre e o assiste, manda um cheque, dá um cobertor, manda presente para crianças no Natal. Isso pode ser agradável à consciência momentânea em relação a determinado problema, mas não o resolve; nem se trata de uma habilidade social propriamente, ainda mais se o benfeitor propaga sua generosidade e nem sequer tem a coragem de ir à instituição para levar os donativos porque fica deprimido ao ver gente sofrendo. Ora, isso é demasiadamente confortável. Dá aquilo que não faz falta. Uma roupa velha que ocupa espaço, um dinheiro qualquer que não pagaria uma refeição digna desse nome. Não é sobre isso que se quer falar. Solidariedade não é isso. Solidariedade é troca. É doação e recompensa. É entrega. É participação na história do outro e é uma permissão para que o outro participe da minha, da sua história. Ninguém volta impune para casa depois de visitar crianças em um hospital de câncer ou de doentes terminais; depois de abraçar essas crianças, depois de contar histórias, de ouvir outras histórias. A vida muda para os dois pólos da relação. A criança se sente amada, querida, se sente importante pela visita que recebe, pelo carinho que recebe e oferece. E quem foi visitar volta outro porque experimentou a dimensão da entrega, da partilha, da comunhão. Os valores começam a ser repensados, os sonhos se tornam outros, os problemas diminuem. Problema? Que problema depois de testemunhar grandes sofrimentos, falta de perspectiva?

E as histórias contadas pelos velhinhos em asilos, e os sonhos que não se realizaram, e as esperanças de que um dia voltem a receber o carinho dos filhos; e os medos, e a dor do abandono? Como esses elementos interferem em um profissional que começa a conhecer o sofrimento real; isso muda, faz amadurecer e proporciona um bem enorme. E não é possível alguém viver com dignidade sem participar da história do outro. Apesar do choque inicial, apesar do medo de conviver com o outro que logo vai partir, apesar do medo do amor, eis uma dimensão absolutamente humana que traz felicidade que não é passageira, paz que dura muito e ajuda a conviver com outros problemas do dia-a-dia com muito mais altivez e coragem.

A escola pode preparar o aluno para essa dimensão da vida, proporcionando projetos concretos em que a solidariedade seja experimentada, em parcerias. A responsabilidade por um orfanato ou asilo também, as visitas a hospitais, sempre respeitando a faixa etária do aluno e seu preparo emocional.

Mas a experiência pode ser muito interessante principalmente se houver um projeto continuado dessa atuação que envolva, por exemplo, um coral de alunos para cantar toda semana em determinado asilo. O coral é formado para isso. Tem aulas de canto, prepara-se, escolhe o repertório, visita os velhinhos, informa-se sobre as músicas que eles gostariam de ouvir, e começa a cantar, a estar presente, a levar presentes, a saber das histórias desses velhinhos. E aí acontece o projeto com uma dimensão visível de solidariedade. Outro grupo pode desenvolver um projeto de nutrição. Experimentam várias possibilidades de aproveitamento de cascas de frutas, de alimentos de ocasião, de menor custo e de alto valor nutritivo. Aprendem a fazer a comida, e por esse caminho aprendem química, biologia, nutrição, literatura, música, matemática e tanto quanto for desejado para canalizar, ao final, todo o aprendizado em cursos para mulheres que moram em favelas, com muitos filhos e sem ter como alimentá-los. E ao conviver com essas mulheres, ouvir suas experiências, aquele aluno que chorava porque não ganhou o autorama que queria, mas outro um pouco mais barato – o pai não tinha condições de comprar o melhor, e não tinha coragem de contar ao filho a verdade

–, começa a rever seus valores, a entender um pouco do mundo, a saber quanta gente sofre, sob nossos olhos.

Todos saem ganhando, todos experimentam a dimensão da entrega, da doação, da troca. E assim é a riqueza da metodologia de projetos aplicada à educação. Pode-se citar alguns exemplos de projetos que, com a participação da comunidade – pais, filhos, escola, entidades sociais –, auxiliam no desenvolvimento da habilidade social. Obviamente esse rol não é exaustivo. Trata-se de projetos que podem ser realizados em diferentes níveis do conhecimento. O ideal é que a comunidade opte por alguns. Em verdade, mais importante do que o produto final do projeto é o processo para seu desenvolvimento – o processo traz o amadurecimento, o resultado é apenas um momento que, se for bom, tanto melhor.

1) Nutrição

O projeto de nutrição visa ao desenvolvimento de novas técnicas para a feitura de alimentos. Envolve todo o processo de aprendizagem das necessidades humanas e de valores energéticos e nutricionais presentes nos alimentos. Inserida na função social desse aprendizado, é interessante que um profissional ensine aos alunos sobre a transmissão do conhecimento adquirido às pessoas carentes da comunidade. Pode-se ampliar o repertório, contando a história dos alimentos, fazendo música, criando concurso de fotografia do prato mais agradável, ou mais bem decorado.

2) Coral para os velhinhos

A idéia é contrastar tempos de vida diferentes, sonhos diferentes. O projeto não se resume a contar, mas a preparar, a pesquisar músicas e compositores antigos, roupas, performance teatral, entre outros. Além, é claro, da preparação vocal, dos ensaios, que podem ser feitos por algum pai ou mãe de aluno que tenha formação musical.

3) Contando história

A arte milenar de contar histórias pode ser um excelente instrumento de participação e cidadania. A pesquisa das histórias, dos autores, das épocas em foram escritas, dos significados, além da forma de contá-las e do público que será selecionado para ouvi-las. Esse projeto pode ser acompanhado da arte de ensinar o outro a contar histórias e de concursos para elaborar e publicar histórias inéditas.

4) História urbana

Conhecer a história da própria cidade por meio de uma pesquisa intensa em museus, arquivos, pessoas antigas pode ser um projeto interessante para saber mais da cidade onde se vive e como se deu sua evolução comercial, cultural e social. O produto final pode ser um vídeo, um livro, uma peça de teatro ou uma exposição que demonstre a preocupação com o resgate da cultura local. Em cidades maiores, o projeto pode se resumir a um bairro específico.

5) História de nossos avós

Um elemento importante na união de pais e filhos é a curiosidade em conhecer a história da família. Um projeto que objetive a capacitação para a pesquisa familiar pode contar com histórias orais, fotos, relatos de antigos funcionários, de moradores próximos. E o grupo todo, um ajudando o outro a conhecer a própria história. Lá se vão os quinze ou dez componentes do grupo conversar com o pai ou com a avó de um dos colegas e depois do outro. Poderão relembrar fatos históricos já estudados, datas importantes, eventos marcantes. O produto final também pode ser uma exposição, publicação de cartilhas, exposição de um vídeo.

6) Cartilha da cidadania

O objetivo é trabalhar com alguns direitos fundamentais e com o desrespeito ou o desconhecimento desses direitos. Em período eleitoral, pode-se fazer uma cartilha sobre as eleições, estudando-se cada um dos cargos eletivos em disputa. O que faz o vereador, o prefeito, o deputado, o senador. Pode-se entrevistar pessoas na rua para identificar os principais problemas que enfrentam e suas expectativas como eleitores. Ou a cartilha pode divulgar e esclarecer o código de trânsito ou o direito à saúde, à educação. O importante é a pesquisa a ser feita e a função social de distribuí-la para a comunidade, além propiciar o estudo da linguagem para uso adequado da língua portuguesa.

7) Fundando cidades

Um projeto interessante em período eleitoral, embora possa ser desenvolvido em qualquer outra ocasião, visa a construir uma cidade ideal. Como seria administrada, como o orçamento seria aplicado, quais as prioridades básicas. O estudo da matemática auxiliaria o aluno a fazer os cálculos; do desenho geométrico e da educação artística, as maquetes, que poderiam ser o produto final acompanhado de um texto explicativo a ser enviado para o prefeito, por exemplo. Poderiam também surgir candidatos aos cargos eletivos, com as melhores propostas ou as melhores maquetes. Ou ainda cada cidade pertenceria a um período histórico, o que demandaria outro tipo de pesquisa.

8) Música no bairro

Por meio do projeto "Música no bairro" seria criado um tipo de evento que possibilitasse a vários compositores ou cantores do bairro expor seus trabalhos. A preparação incluiria o conhecimento do bairro, a visita a pessoas que pudessem participar do projeto, o planejamento do evento e, como produto final, a oportunidade de criar um espaço de cultura, mesmo que se realize apenas uma vez. Valeria pela preparação e pela semente plantada. Além do diálogo com a comunidade, o que é sempre bastante propício.

9) História continuada

O projeto, ligado principalmente à disciplina de língua portuguesa, podendo ter a parceria das artes para a elaboração de gravuras ou desenhos, consiste no seguinte: o grupo começa uma história, estabelece algumas regras para sua continuação e escolhe alguns grupos que a prosseguirão. Esses outros grupos podem ser da própria escola ou de outra, ou até poder-se-ia contar com jovens como menores internos de alguma associação, crianças hospitalizadas ou alunos de outra região. O produto final é o livro, que deve ser enviado a todos os participantes que ajudaram a contar a história.

10) Teatro na favela

Só o teatro já resultaria num excelente projeto, com as demandas de toda a pesquisa de peça, cenário, figurino, atuação, iluminação, entre outros inúmeros detalhes. Para ousar um pouco mais, o grupo convida outra equipe para participar. Se houver favela próxima, chama-se um grupo organizado do local, que pode ser religioso ou não, de capoeira, de música, esportivo. E juntos, a escola com o grupo convidado, encenam a peça.

11) Tribunal do júri

O tribunal do júri pode ser feito de muitas maneiras e com diversos objetivos. Em vez de pessoas que cometeram crimes, podem estar em julgamento temas como a covardia, o medo, a sociedade mercantilista, a Inquisição, Oscar Wilde, Sócrates, entre outros. O processo trabalhará a pesquisa, o poder de argumentação, a desinibição, o respeito à outra idéia e à improvisação. Ou pode-se tratar de casos concretos de jovens que mataram ou morreram por estar drogados, casos de violência que sirvam de exemplo aos jovens para que lutem pela paz. O produto final seria o julgamento propriamente dito.

12) Coral da família

Visando à integração entre pais e filhos, o projeto consistiria na organização de pais e filhos para cantar juntos. O desafio se dá desde a seleção das músicas – os gostos são sempre diferentes – até o preparo vocal e a escolha do local e da forma que será apresentado. A experiência será enriquecedora.

13) Fazendo música com o filho

Projeto semelhante ao coral. Um grupo de pais e filhos tocaria violão ou qualquer outro instrumento. O objetivo é o mesmo – a convivência familiar – e o produto final também pode ser um CD reunindo os melhores números.

14) Jovens doutores

"Jovens doutores" é um projeto que pode envolver todos os alunos de determinada série. Os alunos escolhem temas de diversas áreas e desenvolvem um processo de pesquisa. Primeiro com levantamento de material bibliográfico e depois fichamento desse material. Logo a seguir vem a pesquisa de campo, orientada por um professor monitor. Ao final, o aluno faz um trabalho sobre o tema escolhido – menor de rua, solidariedade, ufologia, preparação para o vestibular, jovens em academias, ensino da física, bioética, saúde – e o apresenta para uma banca de convidados, na presença dos pais; explica e defende o projeto que desenvolveu e, se aprovado, torna-se um jovem doutor.

15) Alunos monitores

Esse projeto também pode envolver vários alunos de várias turmas: fazer com que alguns deles possam dar aulas para outras séries. Não necessariamente o aluno de uma série superior dará aula para o aluno de uma série inferior. Pode haver a troca. Os do 2º ano do ensino médio falam da Segunda Guerra Mundial para os alunos da 8ª série, e os da 8ª ensinam novas técnicas de redação para os da 2ª série. O objetivo é a utilidade do preparo da pesquisa e a troca de experiências. Se esse projeto for realizado entre alunos de escolas diferentes, será ainda mais rico.

16) Serenata da solidariedade e dia da partilha

Esse projeto é mais fácil de ser realizado em cidade do interior ou em bairro pouco populoso. Em determinado dia do mês, os alunos saem em serenata ao entardecer, recebendo mantimentos para ser distribuídos para as famílias carentes. Todo o bairro ou a cidade é informada do dia da serenata e espera pelos jovens. Pode-se comunicar nas igrejas, no jornal local, em emissoras de rádio; pode-se pedir o apoio de veículos de transportadoras para colocar o alimento, e lá estará a comunidade cantando e recebendo as doações. Em outro dia determinado faz-se a partilha. Para que o projeto não se reduza ao assistencialismo, os alunos visitam posteriormente as famílias que receberam os alimentos, certificam-se de que os filhos foram registrados, estão na escola, tomaram vacina, vacinaram seus cães e gatos.

17) Fábrica de queijo

O projeto "Fábrica de queijo" é apenas um exemplo. Pode ser fábrica de pão, de macarrão ou de qualquer outro alimento. O grupo estuda, nesse caso, os vários tipos de queijo, a origem, a história do país onde tem esse ou aquele tipo e aprende a produzi-lo. O produto final pode ser a exposição de muitos queijos e a apresentação dos métodos aprendidos para vários grupos.

18) Vídeo comunitário ou Festival do minuto

O projeto de vídeo, como já foi sugerido em outros projetos, é bastante interessante. Não se resume ao ato de filmar, mas a toda a preparação, como no teatro: da escolha da história a ser contada ao roteiro, aos personagens, à pesquisa e à parte técnica do vídeo. Cada grupo pode eleger um tema que reporte melhor a comunidade e elabora um vídeo de um minuto ou do tempo que for estabelecido pela comissão. O produto final é o vídeo ou o concurso de vídeos, se forem vários grupos.

19) Foto na cidade

O projeto é o de fotografia e os alunos integrantes saem para conhecer pontos peculiares da cidade e escolher locais interessantes para ser fotografados. As fotos podem ser trabalhadas com legendas ou, ainda, como elemento motivador para a criação de histórias fictícias de personagens ou paisagens que aparecem nas fotos. É possível também teatralizar as fotos ou fazer fotos vivas em cima daquelas tiradas como produto final. Técnicas de fotografia são trabalhadas como parte do projeto.

20) Festa da comunidade

O produto final é a festa. O processo é a preparação dela. Pode ser uma apresentação cultural com vários números de cultura folclórica ou popular, mesclando elementos históricos antigos com manifestações contemporâneas. Ou a festa pode ter um tema como "a história do carnaval" ou "a história da bicicleta". O interessante também é toda a pesquisa e a preparação, podendo os números ser divididos entre as várias séries. A festa teria barracas que arrecadam fundos para a formatura, por exemplo. O importante é a participação da comunidade. Somente a festa junina em todo o ano é muito pouco; uma festa temática é sempre um projeto muito rico, principalmente se o tema for escolhido pela comunidade.

21) Direito do consumidor

Projeto que visa à conscientização. Pode ser desenvolvido de várias formas: a visita a supermercados, farmácias, *shopping centers* para verificar se o código do consumidor está sendo aplicado ou não; a discussão sobre o que é produto e o que é serviço; se os serviços educacionais estão sendo bem oferecidos pela escola; se os produtos vendidos na cantina estão de acordo com as exigências da lei etc. O produto final pode ser uma cartilha, um jornal, uma representação teatral, um vídeo ou uma exposição para conscientização e implementação dos direitos do consumidor.

22) Sem medo de dizer não

A idéia do projeto é trabalhar a questão das substâncias psicoativas – as drogas. Um dos principais motivos que levam o jovem à droga é seu medo de dizer não, sua baixa auto-estima. Ao trabalhar o problema da droga sem fazer sua propaganda, o resultado do projeto será muito proveitoso. O produto final pode ser um teatro interativo, uma exposição ou uma publicação em que se expliquem os males causados pela droga e a beleza da liberdade. É uma substituição ao trabalho preventivo que se faz apenas com palestras. As palestras podem fazer parte do projeto, mas constituirão um dos fatores, não o único.

23) Internet e esperança

O projeto visa ao contato dos estudantes de uma escola com os de outra onde se enfrentam problemas. Pode ser de um país em guerra ou de um que sofreu terremoto. É interessante para a troca de experiências, para o exercício de outra língua bem como para o conhecimento de outra cultura. O produto final pode ser o relato dessa experiência, a exposição de redações dos alunos da outra escola, seus sonhos, o medo e o desejo de viver em uma situação melhor.

24) Laboratório de sonhos

Aqui a proposta é trabalhar com os sonhos dos estudantes. O material teórico pode vir do estudo de grandes clássicos, por exemplo, a história de grandes amores (Romeu e Julieta, Tristão e Isolda, Dante e Beatriz) ou de personagens que tiveram sonhos (Alexandre da Macedônia, Joana d'Arc, Madre Teresa de Calcutá, Francisco de Assis, Gandhi), ou um trabalho com filósofos que tenham tratado o significado do sonho. A partir desse conhecimento teórico os alunos fazem entrevistas para conhecer o sonho de outros colegas, de professores, de funcionários e como produto final realizam um laboratório de sonhos. Pode ser em uma sala, com montagens que demonstrem o significado dos sonhos presentes naquela comunidade, ou um vídeo.

25) Copa cultural

O objetivo é unir toda a comunidade estudantil em uma semana ou um final de semana em que um tema seja trabalhado, por exemplo, "a paz no mundo". Trabalhos podem ser desenvolvidos em várias áreas, por meio de concurso de música, de teatro, de oratória; provas de conhecimentos gerais sobre as guerras que mais destruíram e mataram; olimpíadas de matemática com estatística sobre as perdas humanas em catástrofes naturais e em guerras; estudo da química que explica o efeito das radiações das bombas e assim por diante, tudo de forma lúdica, em uma competição da qual todas as matérias participam.

26) Administrando a casa

A idéia do projeto é fazer com que os estudantes saibam como se administra uma casa. Pode-se valer de vários momentos da história para saber quem administrava as casas e de que maneira. Depois passa-se a uma pesquisa de detalhes:

orçamento doméstico, destino de cada centavo, decisão sobre investimentos, despesas inesperadas e porcentagem a ser destinada para cada finalidade. Famílias que vivem endividadas, quanto pagam de juros e formas de organização. O produto final pode ser a elaboração de um manual, por exemplo.

27) A escola de ontem ou filhos ilustres

O projeto visa ao resgate histórico da escola. A idéia é pesquisar pessoas que ali estudaram e se tornaram exemplos de sucesso profissional, ou de realização pessoal, e trazê-las para um depoimento que possibilite a construção do museu de imagens da história da escola; pode haver uma apresentação de história de vidas ou uma confraternização. O produto final são a pesquisa, as visitas e entrevistas e a organização geral.

28) Personagens de todos os tempos

Esse projeto pode se realizar de muitas formas. O objetivo é retomar alguns mitos que marcaram época e entraram para a história. E ainda dialogar com mitos de períodos distintos. Por meio de montagens em um palco, por exemplo, coloca-se à mesa de um bar ou em um barco Martin Luther King e Aristóteles discutindo sobre discriminação; John Lennon e Chico Buarque para falar sobre a música e o amor; ou outras personagens que falem o que o grupo acredita ser atemporal. O processo é toda a pesquisa, e o produto final, a apresentação.

29) Afetividade e sexualidade

O projeto visa a integrar a dimensão do afeto com a da sexualidade, levantando-se a discussão desses conceitos sob o ponto de vista histórico, por exemplo, e trazendo-a até a prática do jovem contemporâneo. Conversas com psicólogos, filósofos, pedagogos e poetas sobre o amor e o sexo ou com biólogos sobre doenças sexualmente transmissíveis. O objetivo do processo é tratar a temática de forma madura e sem preconceito. O produto final pode ser a realização de uma peça ou de um vídeo, uma exposição, a publicação de uma cartilha com as conclusões do grupo.

30) Meio ambiente no trabalho

O objetivo é discutir as atuais condições de trabalho do brasileiro, pesquisando desde o ambiente profissional até as oportunidades oferecidas pelo mercado; as diferenças entre um trabalhador com grau universitário e outro que não teve essa possibilidade; como são remunerados; a questão do trabalho informal; se todos têm um ambiente propício para o desenvolvimento da atividade; se são submetidos a atividades insalubres, cruéis, prejudiciais. O processo é enriquecedor por toda a pesquisa a ser desenvolvida e pela sensibilização com a dificuldade de grande parte do trabalhador brasileiro. O produto final pode ser uma peça de teatro, uma semana com palestras sobre profissões, um vídeo, um debate ou a publicação de uma cartilha sobre o tema.

Esses são alguns exemplos de projetos que podem ser realizados pelas escolas com o objetivo de desenvolver a habilidade social. Muitos outros são viáveis e se tornarão mais interessantes se forem escolhidos pela comunidade escolar. Um aspecto importante a observar é que a metodologia de projetos não pode ser desenvolvida como se fosse aula teórica, em que o professor fala e o aluno ouve. Projeto é interação, é autonomia, objetividade. O aluno ou o grupo tem um projeto a ser desenvolvido e vai passar por uma série de dificuldades para desenvolvê-lo. Para isso contará com o apoio de um orientador, que não fará o projeto pelo aluno, mas o auxiliará. Se não for assim, o trabalho se torna uma aula a mais e a habilidade social não é desenvolvida.

Cada projeto tem sua peculiaridade. Alguns exigirão uma pesquisa maior pela internet ou em livros, outros com pessoas, palestras, jornadas estudantis com determinado tema, visitas. A questão, entretanto é, sair do espaço físico da sala de aula. Incrementar a aprendizagem em outros espaços. Por aí passa, indubitavelmente, o futuro da educação, ou seja, a autonomia para que os alunos encontrem a solução para os problemas oferecidos, contando sempre – e principalmente – com o afeto do professor.

A habilidade social se constrói necessariamente por um caminho de convivência e de solidariedade, de conhecimento do mundo e de interação, um processo de interrelação com pessoas e processos diferentes, com histórias diversas. Acima de tudo, a habilidade social se constrói pelo respeito e equilíbrio, fundamentais para o convívio humano. Constrói-sepelo trabalho em equipe, pela colaboração, pela cumplicidade e pelo afeto.

3. Habilidade emocional

Quem foi que assim nos fascinou para que tivéssemos um olhar de despedida em tudo o que fazemos?

Rainer Maria Rilke

O grande pilar da educação é a habilidade emocional. Não é possível desenvolver a habilidade cognitiva e a social sem que a emoção seja trabalhada. Trabalhar emoção requer paciência; trata-se de um processo continuado porque as coisas não mudam de uma hora para outra. É diferente de uma simples memorização, em que o aluno é obrigado a estudar determinado assunto para a prova, decorar conceitos, e o problema está resolvido. É diferente de um conceito em que o professor, detentor do saber, em sua bondade doa o conhecimento ao aluno, que decora esse conhecimento decidido pelo professor. A emoção trabalha com a libertação da pessoa humana. A emoção é a busca do foco interior e exterior, de uma relação do ser humano com ele mesmo e com o outro, o que dá trabalho, demanda tempo e esforço, mas que significa o passaporte para a conquista da autonomia e da felicidade.

Há quem diga que a felicidade não existe, que há apenas momentos de felicidade. Há quem diga que a felicidade é relativa, depende do dia, do estado de espírito, do humor. Há coisas que nos fazem felizes em um dia e no outro já não mais satisfazem. É o ser humano volúvel que não se contenta com o que tem ou que nem sabe que tem ou o que é.

Há quem viva do passado e lamente o presente ter surgido, e ainda tema o futuro, e a vida se transforma em um caos sem espaço para a felicidade. Há quem acredite que felicidade se compra, como se compram os bens perecíveis. Sem determinado carro ou determinada casa, roupa ou sem dinheiro não é possível ser feliz. Há quem compare sua felicidade com a felicidade alheia, julgando o outro sempre mais feliz por ter mais dinheiro e, portanto, mais possibilidades de diversão, de lazer, de consumo, de ostentação.

Há quem viva da vida alheia, desde aquele que lê todas as colunas sociais esperando ser convidado para alguma festa até o que assiste a todas as novelas, vive por intermédio da vida dos outros e, como nunca conseguirá o mesmo corpo ou a mesma casa, ou a mesma roupa, ou a mesma beleza, ou a mesma independência da atriz ou do ator da novela, não conseguirá ser feliz. Há quem propague que não gosta dos outros, que não confia em ninguém, que não quer ter amigos, que não acredita no ser humano.

Não parece fácil ser feliz ou mudar a vida sem cor vivida por pessoas que optam pela infelicidade. Obviamente não se trata de uma opção consciente, mas da conseqüência de uma vida não vivida, do desconhecimento da simplicidade da felicidade.

Há uma história que ilustra a dimensão de quanto a ignorância impede a felicidade.

Havia uma família que tinha um grande sonho. Pai, mãe e os três filhos sonhavam com uma viagem de navio, sonhavam estar juntos no mar por alguns dias contemplando a beleza da natureza e passeando como família unida. Ocorre que eles não tinham muitas posses e o que ganhavam mal dava para sustentar os gastos do cotidiano. Mesmo assim, começaram a fazer uma poupança. Cada um guardava o que sobrava no fim do mês, e aos poucos crescia a certeza de que conseguiriam realizar o grande sonho.

Depois de muito sacrifício, chega o dia. Conseguiram. Vão viajar os cinco, juntos, de navio. E mais, compram passagem de primeira classe. Depois do sacrifício, mereciam tamanho prazer.

E lá se foram o pai, a mãe e os três filhos. Há um detalhe importante, como compraram a passagem de primeira classe para que tivessem as melhores acomodações, não sobrara dinheiro para gastar no navio. Mas isso não era importante. Eles tinham uma pequena padaria. Fizeram alguns sacos de sanduíche de pão com mortadela e se foram.

Eram vinte dias no mar. Vinte dias contemplando as ondas, o verde, o azul, o céu, as gaivotas. Vinte dias vendo os golfinhos, os tubarões e quem sabe as baleias. Vinte dias comendo pão com mortadela em todas as refeições...

No primeiro dia, café da manhã, pão com mortadela; almoço, pão com mortadela; jantar, pão com mortadela. No segundo dia, café da manhã, pão com mortadela; almoço, pão com mortadela; jantar, pão com mortadela. E assim sucessivamente. No vigésimo dia, café da manhã, pão com mortadela; almoço, pão com mortadela. E no jantar, depois de não poderem nem mais olhar para o pão com mortadela, o pai prepara uma surpresa para os filhos e a mulher. Convida-os a jantar no restaurante do navio. Para uma refeição ele tinha dinheiro. Afinal de contas, era a despedida. Conseguiram realizar juntos um grande sonho.

Chegaram os cinco ao restaurante do navio, quando se aproxima o maître, que comunica:

– Os senhores não podem jantar aqui, sinto muito.

O pai família imediatamente reage:

– Como não podemos? Eu tenho dinheiro para pagar. O senhor não está acreditando? Veja aqui! – E exibe, glorioso, o dinheiro ao maître, suficiente para pagar o jantar e ainda lhe dar uma boa gorjeta.

– Desculpem, senhores, a questão não é essa. Este restaurante é gratuito, mas só é permitido para os passageiros que compraram a passagem de primeira classe!

Ora, são passageiros que compraram a passagem de primeira classe e passaram vinte dias em um navio comendo pão com mortadela. Tudo isso porque não tiveram informação suficiente, não sabiam todo o direito que tinham ao comprar o bilhete. Deixaram, por isso, de participar de lautas refeições para comer pão com mortadela.

Essa história é semelhante à do menino que vê sua bolinha de gude dentro de um vaso de cristal e não consegue tirá-la de lá. Como não sabe a diferença do valor do cristal e da bolinha, resolve quebrar o vaso por causa do bolinha.

E assim é o ser humano. Tem tudo para ser feliz. Tem um horizonte para ser descortinado e, mesmo assim, fica preso a coisas pequenas, a detalhes que não trazem felicidade e pouco significam na existência humana. Perdem a liberdade, o sonho, a amizade, um grande amor por ignorância, por imaturidade, por falta de foco, de equilíbrio.

Os seres humanos infelizes tentam contagiar os outros com sua infelicidade, sem perceber que estão agindo dessa forma. Estão em uma festa, por exemplo, mas com raiva porque sabem que a festa vai acabar e já sofrem por antecipação. Vão a um banquete e se postam irritados com a cor do guardanapo. Tudo está perfeito: a comida, o local, a música, a companhia, mas o guardanapo é amarelo, e isso irrita e faz com que se comece uma discussão, uma briga, um mal-estar, e depois o arrependimento, os pedidos de desculpas e as promessas de que da próxima vez será diferente. São momentos desperdiçados por bobagens, por detalhes de nenhuma importância.

Os jornais noticiam com freqüência crimes cometidos por causa de emoção violenta. São pessoas que perdem a cabeça e agem de forma absolutamente desequilibrada. Políticos de renome, artistas, esportistas, profissionais liberais, empresários que se envolvem em escândalos por um problema rotineiro. Entrou no prédio, o elevador não funcionava, e resolveu avançar no porteiro. Foi parado pela polícia e decidiu agredir o policial; ofendeu a secretária e gritou no meio de uma reunião; avançou no motorista do outro carro porque olhou para a mulher dele (ou ele acha que olhou); discutiu e saiu no tapa com o amigo do outro time ou do outro partido político ou da outra cidade que falou melhor da cidade dele. E xingou a empregada doméstica porque a roupa não estava passada; agrediu o motorista que se atrasou (esqueceu-se de que motorista também pega trânsito); parou de falar definitivamente com um amigo que vai votar em outro candidato político; e se irritou com a sala de aula que estava conversando; desentendeu-se com o caixa do banco, brigou com o motorista de táxi que virou na rua errada. Ficou com ódio porque estava chovendo, depois mais ódio ainda porque parou de chover, e resolveu culpar os filhos pela mudança de tempo. E assim os dias passam, o humor piora, o afeto é substituído pelo amargor e a felicidade, ora, já nem se fala mais em felicidade...

Para fins puramente pedagógicos, podemos considerar cinco categorias de pessoas:

Irados

São aqueles que nutrem sentimentos primários, no sentido pejorativo da palavra. Têm dificuldade no relacionamento. São incontinentes. Se agredidos, imediatamente agridem. Em muitos casos, pensam que estão sendo agredidos e partem para o ataque. Com eles é ferro e fogo. Em civilizações antigas, justificava-se a vingança privada; o agressor tinha o direito de revidar a agressão recebida, fazia justiça com as próprias mãos, resolvia à sua maneira a contenda.

Os irados, como os estamos chamando, estão com a agressividade à flor da pele. As relações interpessoais se tornam dificílimas, os amigos temem as possíveis reações, que podem ocorrer com qualquer pessoa a qualquer momento. Não pensam para agredir. E alguns se vangloriam de agir dessa forma. A conseqüência é uma profunda solidão, um sentimento de vazio, de angústia continuada. Ao contrário do que possa parecer, ninguém fica feliz quando destrói seu companheiro. As palavras gritadas, os exageros, os descontroles, as ameaças só contribuem para um sentimento de profunda tristeza.

Os irados trazem muitos problemas nos ambientes em que vive. Na vida familiar, despertam sentimentos de medo e de piedade. Um pai desequilibrado perde os filhos. Quando estão pequenos obedecem por medo, quando começam a crescer, tentam se desvencilhar da relação o quanto antes para evitar maiores sofrimentos. Nas relações afetivas são ameaçadores, tentam por medo manter a companheira ou o companheiro. Não se incomodam em dar escândalos em público. Gostam de chamar a atenção e contam feitos que consideram históricos em que teriam destruído outras pessoas.

Todo esse desejo de exposição está ligado à carência que sentem e à solidão que experimentam. Não conseguiram amadurecer nem desenvolver o equilíbrio interno, por isso se tornam pessoas perigosas para si mesmas e para as outras. São capazes de tudo para se sentir amadas, entretanto são incapazes de permitir esse amor. Não que tenham nascido assim, apenas não desenvolveram a capacidade de amar.

Na escola competem o tempo todo. Tentam mostrar que são mais fortes, mais temidos, mais loucos. Alguns agridem constantemente o professor para prová-lo, para ver a reação, para competir com ele e ganhar a atenção da sala. Em campos de futebol, são capazes de atrocidades terríveis porque em equipe se fortalecem ainda mais. No trabalho agridem, choram com facilidade, são extremamente nervosos, derrotistas e ameaçadores. Ameaçam até nas situações mais simples. Gostam de levar vantagem e chamar os outros de burro, estúpido, lerdo, lento. A técnica, nem sempre consciente, é a de diminuir o outro para se enaltecer.

Em suma, são profundamente infelizes. Por mais que afirmem adorar o temperamento que possuem – se dizem sinceros, autênticos –, lamentam muito a infelicidade decorrente de cada agressão, de cada ira.

Inconseqüentes

Os inconseqüentes também são agressivos, como os irados, entretanto não é algo continuado. Mudam muito de humor e não medem as conseqüências de seus atos. Em um dia podem destruir uma reunião familiar por causa de uma briga. Em outro, destroem a reunião por causa de uma fofoca. Não agem assim por mal – apenas não pensaram antes, não mediram as conseqüências. Falam o que "vem na telha", colocam amigos em situações embaraçosas, depois agridem, lamentam, choram e pedem desculpas para purgar o mal que fizeram. Mesmo após uma briga, a tendência dos inconseqüentes é ficar carinhosos, chorosos, arrependidos. Gostariam de fazer o tempo voltar, gostariam de nunca ter agido dessa forma com o pai ou a mãe, filho, companheiro ou um colega de trabalho.

Na escola são facilmente detectados por causa da sazonalidade. Um dia brigam com o professor, no outro trazem um presente e um pedido de desculpas, mas a ação se repete muitas vezes. Se o inconseqüente for o professor, o problema é ainda mais sério. Ele não tem trava na língua, fala mal da direção em um dia, no outro fala bem. Fala mal da sala, fica com ódio dos alunos, no outro dia tudo volta a ser como antes ou até melhor.

Nas relações com os amigos, o problema se repete. Como não podem ser contrariados, ao primeiro sinal de divergência tendem a agredir ou a começar a falar mal ou a ficar com raiva. Se o amigo faz alguma homenagem, logo mudam de idéia, começam a falar dele como se fosse a pessoa mais maravilhosa do mundo, e assim vão mudando de idéia a cada gesto. São pessoas carentes que precisam de atenção o tempo todo, que precisam do aplauso, do reconhecimento, da valorização, senão não medem os gestos nem as palavras, mesmo que se arrependam depois. Não têm o menor controle sobre os sentimentos.

Apáticos

São aqueles que se limitam a viver o próprio universo. Ficam trancafiados no próprio mundo. Não querem fazer mal a ninguém mas não querem ser importunados. Vivem a solidão própria de quem fica ensimesmado. Nesta era de relações cibernéticas, é um grupo que cresce em uma velocidade impressionante. O lema é "cada um na sua". Demonstram que não gostam de afeto, não querem saber de novidades nem de velharias, de broncas nem de piadas. Aliás, raramente riem. Tentam demonstrar que tudo está bem, está tranqüilo, mas a tendência ao isolamento é um elemento muito negativo e perigoso. A companhia de drogas, de bebidas, de remédios. A necessidade de demonstrar desprezo para a família, para os amigos é enorme.

Na escola, geralmente, não apresentam problemas disciplinares. Ficam em um canto e pouco interesse demonstram pela aula, pelos outros. Não gostam de participar de trabalhos em grupo, de ser questionados, desafiados. Fazem questão de demonstrar que são absolutamente indiferentes ao professor ou à matéria. Esse comportamento parece irreverência, desprezo, ódio. Mas se trata de apatia e requer bastante cuidado. Não adianta o professor tentar romper com esse tipo de comportamento obrigando o aluno a participar, a se levantar, a ir à lousa, a falar. É preciso conquistá-lo, aos poucos, entendendo o universo dele.

Se o apático é o professor que se mostra indiferente à turma, ele é capaz de dar uma aula inteira sem prestar a menor atenção na classe. E se os alunos estiverem conversando, ele continua a aula. E se saírem, pouco importa. A aula vai sendo dada porque ele ganha para isso e quem quiser aprender que aprenda porque ele não tem filho desse tamanho. Alguns desses mestres fazem questão de dizer que não são amigos de alunos e pedem para não ser cumprimentados na rua. Têm a obrigação deles, os alunos têm as suas, e cada um segue sua vida.

Os apáticos são infelizes porque não se lançam ao outro, têm medo de revelar sentimentos, preferem a companhia do travesseiro ou, quem sabe, de um animal de estimação. Vangloriam-se de não precisar de ninguém – mentem. Não há ninguém que consiga viver trancado em si mesmo.

Festivos

São divertidos, falantes, animados. Gostam de entreter as pessoas, de receber amigos, de dar festas, de ir às festas.

Adoram dar e receber presentes. São animados, parecem sempre dispostos a fazer qualquer coisa. São ótimas companhias para as baladas, para os namoricos, para as farras. Derretem-se facilmente. Apresentam bom humor o tempo todo. Acordam cantando, vibrando, animando, envolvendo. E o tempo todo precisam dizer que são as pessoas mais felizes do mundo, que não têm problemas, que tudo o que sonham acontece, que nasceram lindos, *glamourosos*, ricos, famosos e nada têm a temer a não ser que nutrem um sentimento de piedade por aqueles que não tiveram a mesma sorte.

Não gostam de falar em problemas e brincam quando alguém diz alguma coisa séria, isso para quebrar o clima pesado. Brincam até com a desgraça porque não acreditam em desgraça. Têm dificuldades em ouvir o outro porque gostam de falar e falam sem parar. E tudo é uma constante festa, que pode ser uma constante farsa, uma ilusão de quem prefere fazer barulho a silenciar e perceber os problemas que tem de enfrentar.

Geralmente têm medo da solidão. Preferem fazer bastante barulho, falar com muitas pessoas, falar ao telefone com o televisor ligado. Quanto mais barulho, melhor. Quanto mais atrapalhado for o dia, melhor. Tudo para não ficar a sós consigo mesmo.

O aluno festivo consegue esconder os sentimentos e ficar trancafiado em seu aparente sorriso. O professor festivo não revela seus sentimentos e não permite que os alunos possam ser profundos na relação. Estão sempre querendo mostrar que a vida é maravilhosa. Geralmente têm muitos amigos porque, como não aprofundam as relações, não precisam gastar tempo com elas.

Os que bebem, fazem-no para disfarçar tudo. Para gargalhar, para não pensar em tragédia, não pensar na vida. Passam todos os dias esperando o final de semana para as festas; se tiverem oportunidade, vão a festas o tempo todo e, geralmente, mentem muito para mostrar quanto são queridos, quanto são aceitos.

Em tese, são mais fáceis de se relacionar do que os irados, os inconseqüentes e os apáticos, mas também enfrentam o problema da máscara, da falsidade, da profunda carência. E quanto mais gritam que são felizes, menos percebem essa realidade.

Amáveis

A categoria de que todo ser humano potencialmente poderia participar. O amor é um dom especial que todos têm, porque todos têm a capacidade de se emocionar, a capacidade da entrega, da solidariedade. Infelizmente as pessoas acabam por não experimentar a profundidade do amor.

Os amáveis são profundos, sinceros, dignos. Têm o meio-termo porque sabem que precisam de um espaço, mas também que o outro precisa de espaço para existir, para ser livre, para se desenvolver. Sinceramente, muitas vezes não são festivos. Vivem intensamente o momento, mesmo que seja um momento doloroso de perda, de um amor que foi embora, de vazio. Convivem com esses sentimentos sem se transformar em pessoas amargas. São sonhadores e realizadores. Absolutamente confiáveis. São incapazes de algo que magoe ou destrua o outro. São bem resolvidos e não precisam do aplauso o tempo todo, por isso são capazes de dizer sim e dizer não.

Acreditam no afeto como um canal de realização, de troca, de cumplicidade, de entrega, de vibração. Estão presentes na festa e no velório. Conseguem conviver com o sucesso do outro, e isso não lhes tira o brilho. São assertivos quando necessário, e doces sempre.

Como alunos acabam chamando a atenção pelo sorriso, pela amizade, pela emoção. Como professores se tornam imprescindíveis. Conseguem dar afeto porque sentem afeto. Conseguem ser amáveis porque aceitam receber amor, receber amizade.

Pode-se pensar que os amáveis são os perfeitos. Não há perfeição quando se trata de habilidade emocional. Há um caminhar decidido pelas veredas da felicidade. Os amáveis têm os mesmos problemas que todos os outros, entretanto se decidiram pela felicidade, que não é a mesma coisa que o prazer inconseqüente ou a necessidade de festa todos os dias, ou o isolamento, ou a aparente sinceridade do irado.

O amor é um sentimento nobre que tem a capacidade de fazer a pessoa humana feliz. Todos nascem para a felicidade, esta é uma verdade universal. Em qualquer cultura, em qualquer povo, por maiores que sejam os absurdos cometidos (pelo menos sob o ponto de vista da cultura ocidental contemporânea) a busca é pela felicidade. Ninguém quer ser infeliz. Entretanto, são muitos os fatores que afastam o ser humano de sua essência, assim ele acaba deixando de lado essa possibilidade e mergulhando em uma maré de derrotismo e pessimismo ou falsa vitória. A felicidade é uma decisão e tem de ser uma decisão consciente. A pessoa feliz não precisa sair dando risada o tempo todo para mostrar que é feliz.

Quando se fala em felicidade, fala-se em amor. Não necessariamente o amor eros, o amor corporal, o amor sexual. Fala-se em amor como um motor que move a chama da vida e conduz a patamares inacreditáveis de realização. O amor que faz com que o equilíbrio possa ser visível. O amor, simplesmente o amor.

E como preparar o ser humano para o amor ou para a habilidade emocional? O que pode a escola fazer para despertar esse gigante?

A resposta não é tão simples, porque o amadurecimento é um processo que envolve tempo e dedicação; tempo e conhecimento; tempo e vontade.

Em todos os níveis do processo de formação, o aprendiz precisa trabalhar sua dimensão ou habilidade afetiva. Para isso, é preciso que o condutor do processo, o professor, comece a trabalhar e a desenvolver primeiro sua habilidade – já se falou, ninguém dá o que não tem.

Muito se falou também da história de vida do aluno, da necessidade de uma construção coletiva do conhecimento, do respeito ao referencial que ele, aluno, traz para a sala de aula. Entretanto, o professor também tem uma história e sua história precisa ser valorizada, até mesmo por ele. É interessante que quando as pessoas contam as próprias histórias acabam por dar interpretações a fatos que ocorreram ou que gostariam que tivessem ocorrido. Dão importância a algumas pessoas que não tiveram essa importância – são produtos da própria imaginação, mas não importa, é a história contada e recontada sob a ótica de quem a viveu.

O trecho das *Memórias de Emília*, obra de Monteiro Lobato, é bastante elucidativo:

– São as minhas memórias, dona Benta.

– Que memórias, Emília?

– As memórias que o Visconde começou e eu estou concluindo. Neste momento estou contando o que se passou comigo em Hollywood, com a Shirley Temple, o anjinho e o sabugo. É um ensaio duma fita para a Paramount.

– Emília! – exclamou dona Benta. – Você quer nos tapear. Em memórias a gente só conta a verdade, o que houve, o que se passou. Você nunca esteve em Hollywood, nem conhece a Shirley. Como então se põe a inventar tudo isso?

– Minhas memórias – explicou Emília – são diferentes de todas as outras. Eu conto o que houve e o que deveria haver...

Muito rica é a experiência de encontro com os professores em que eles contam a própria história de vida. O que os levou a essa profissão, os erros e os acertos, os medos. Tudo isso de forma muito bem preparada e desenvolvida para que não se caia na superficialidade. E isso o diretor da escola, o coordenador pedagógico ou algum assessor pode conduzir. Fazer com que o professor valorize sua história, que entenda o ponto a que chegou e perceba a beleza das próprias conquistas.

Outro fator de auxílio no trabalho com professores é a experiência de viverem juntos alguns momentos culturais. Imaginem o diretor convidando os professores para uma sessão de cinema com pipoca e tudo na escola; e o filme trata de professor, como *Sociedade dos poetas mortos*, *Perfume de mulher*, *Adorável professor*, por exemplo. A oportunidade de assistir juntos a um filme que retrate a história de professores pode ser bastante valiosa. Passeios, cafés, reuniões festivas que não tenham a preocupação de render algum trabalho. O objetivo é o conhecimento, a troca de experiência, a oportunidade de cada um falar um pouco da própria história e conviver, isto é, partilhar a vida.

Como todas as pessoas, os professores gostam de ser lembrados, de ser acariciados. Um livro vez ou outra em data que não tenha nenhum significado, uma flor, um cartão, uma frase de incentivo vai tocando no coração do mestre que, ao sentir o prazer em receber afeto, talvez comece a se abrir um pouco mais aos alunos.

E os alunos precisam de afeto. E só há educação onde há afeto, onde experiências são trocadas, enriquecidas, vividas. O professor que apenas transmite informação não consegue perceber a dimensão do afeto na aprendizagem do aluno. O aluno precisa de afeto, de atenção. A família cada vez mais desestruturada gera filhos ainda mais complicados, tristes, ressequidos, carentes de um mestre que estenda a mão e não tenha medo de dar amor. Não se quer com isso desprezar a importância dos pais, nem tentar cobrir sua ausência e indiferença na vida dos filhos. Entretanto, como reclamar não é o suficiente, algo precisa ser feito. É necessário que o professor amenize esse sofrimento e auxilie o desenvolvimento harmônico do educando.

Algumas ações concretas foram realizadas em muitas escolas e trouxeram resultado positivo. Trata-se de um rol exemplificativo. É a comunidade escolar que precisa decidir quais ações podem trabalhar essa dimensão afetiva mais efetivamente.

1) Relaxamento inicial

A proposta é trabalhar com alguma técnica de relaxamento no início das aulas, diariamente. Pode ser alongamento, *tai chi chuan*, minuto da música clássica, minuto de concentração e silêncio. O objetivo é trabalhar um pouco a ansiedade dos alunos, fazer com que consigam desenvolver um eixo de equilíbrio para a boa aprendizagem. Muitos enfrentam trânsito, chegam correndo, atrasados. Outros chegam meio dormindo, desconcentrados. O dia começaria de uma forma muito mais instigante, sem o imediato contato com as disciplinas convencionais. Isso poderia ser desenvolvido por professores de educação física, orientados por um profissional capacitado. Após o uso dessas técnicas, os alunos ficam mais tranqüilos, tornando-se menos ansiosos e agressivos.

2) Música no intervalo

De preferência músicas orquestradas ou tranqüilas. Mesmo que os alunos reclamem no começo, pedindo rock, é bom que se continue com as músicas calmas. Nada contra o rock, mas a idéia é persistir no trabalho contra a ansiedade e a agressividade, e a música calma traz um enorme benefício para esse fim. Os alunos saem das aulas e já ouvem Kitaro, Enya, Beethoven, e se preparam para a volta.

3) Gincana do afeto

Em uma ação social, os alunos seriam convidados a fazer um dia de sacrifício para determinado fim. Todos deixariam de gastar com o lanche ou qualquer outra despesa e economizariam dinheiro que seria distribuído por eles mesmos em alguma instituição de caridade. Se o grupo for mais maduro e tiver contato maior com essa instituição, pode fazer a visita antes e tentar descobrir qual o sonho das crianças ou dos velhinhos ou do grupo que mora na instituição. Com o dinheiro arrecadado, tentam realizar o sonho – dando e recebendo afeto.

4) Dia da amizade

Fica estipulado o dia da amizade, no qual, em todas as primeiras aulas, o professor lê um texto – previamente escolhido – que fale sobre a importância da amizade (todas as salas estarão lendo o texto ao mesmo tempo). Os professores incentivam os alunos a pôr em prática os ensinamentos recebidos com o texto. De preferência, a escola prepara algum cartão para dar a todos os alunos. Vez ou outra, em vez da leitura, pode-se ouvir uma música ou ver um trecho de um filme, ou até promover um jogo de sensibilização. O interessante é que seja realizado uma vez por mês ou uma vez por semana e todos façam ao mesmo tempo.

5) Cineclube para a família

Os pais são periodicamente convidados a assistir a um filme juntamente com os filhos. O convite deve ser bem carinhoso, falando da pipoca e do guaraná, por exemplo, e do filme que será exibido. O filme precisa ser cuidadosamente escolhido e o tema sempre será o afeto, as relações pessoais, de amizade. Ao final, um debate e, se possível, uma dinâmica de grupo para que pais e filhos possam interagir. A escola que tiver oportunidade prepara um pequeno presente para que os filhos dêem aos pais. Reforçando: a habilidade emocional passa por um longo processo para ser desenvolvida.

6) Professor-surpresa

Durante a aula de um professor, aparece outro daquela turma e dá aula junto com o responsável pelo horário. Isso surpreende o aluno, que se assusta com a presença de dois professores. E, se combinarem, poderão fazer alguma brincadeira, para demonstrar ainda mais o afeto que sentem um pelo outro. Professor é exemplo e o que faz pode mobilizar o aluno.

7) De quem é esse rosto?

Nas reuniões de pais ou mesmo na reunião de professores, para introduzir, pode-se selecionar algumas fotos de professores ou alunos e colocá-las no projetor para brincar de adivinhar de quem é a foto. Ou ainda pedir aos alunos que gravem algumas mensagens para abrir a reunião com os pais e fazer-lhes uma surpresa. O resultado é fascinante.

8) Mãos na massa

Pais e filhos são convidados a trabalhar juntos. Pode ser em uma horta comunitária ou em um dia de festa em que todos façam os pães ou as pizzas que serão consumidos depois. O importante é que ponham a "mão na massa" juntos, todo mundo de avental e, de preferência, com chapéu na cabeça. São pais e filhos juntos trocando a habitual bronca ou as perguntas do tipo: "Como foi seu dia na escola?", "Que nota tirou?", "Está precisando de alguma coisa?" por momentos de união.

9) Chá das avós

Em um dia por mês ou por bimestre, as crianças convidam as avós para ir à escola ouvir histórias. Os vovôs também podem ser convidados. Alguns alunos, como algumas avós, são previamente convidados a contar as histórias e vão se intercalando. Todos ouvem e depois tomam chá juntos. Se algum avô tocar um instrumento musical ou se houver alguns deles que dancem, tudo será festa.

10) Bem-vindos

A volta às aulas não pode ter clima de velório, de tristeza pelas férias que se foram. É preciso encher a escola de cartazes, colocar os funcionários, os professores, a direção para receber os alunos que estão voltando, tudo como se fosse uma grande festa. E se possível distribuir flores. É preciso que haja algumas surpresas no primeiro dia. Cada aluno senta e encontra uma mensagem em sua carteira. Atitudes que demonstrem a alegria pelo recomeço. E os alunos novos devem merecer atenção especial do professor. Que sejam apresentados e recebidos como os novos amigos que chegam.

11) Semana cultural

Toda atividade cultural é interessante em uma escola. Uma semana cultural com a participação dos alunos (conforme já comentado em habilidade social) só faz por aumentar o convívio e a amizade entre eles.

12) Olimpíadas no colégio

Organizar as olimpíadas como um grande evento, com festa de abertura, atleta convidado e tudo. Sala contra sala, disputas esportivas, eventos que contem com a presença dos pais. Coreografias preparadas para a abertura e para o encerramento. Prêmio para a torcida mais organizada e animada. A parte esportiva é fundamental para uma escola. O esporte desenvolve o companheirismo, emociona, faz chorar, faz vibrar. Trabalha com a dimensão da vitória e da perda, com a dimensão do respeito.

13) Quem não chora não ganha

O título deste tópico é apenas um artifício para chamar a atenção. Trata-se de um concurso que pode levar às lágrimas. Cada participante terá de encontrar uma história de companheirismo, de amizade, de amor e contá-la. Pode-se utilizar de música, de cenário, de roupas especiais, de teatralização, ou de qualquer outra forma de apresentação. O que importa é que as regras sejam definidas e o tema seja companheirismo. Vence quem contar a melhor história e da maneira mais comovente.

14) Monumento à saudade

Todos os alunos que se formam e deixam a escola são convidados a escrever uma frase, uma carta ou um bilhete de despedida, e tudo isso se organiza como se fosse um pequeno tijolo de um monumento que fica em uma sala da escola. Pode-se fazer com as mãos gravadas em gesso e os nomes escritos nas mãos. Guardar nem é o mais importante. O importante é o momento em que o aluno é convidado a se emocionar com a despedida.

15) Amigos para sempre

Trata-se de uma técnica a ser feita também com formandos. Organizar, além da viagem de formatura, se houver, um dia de confraternização e aprendizagem. Os alunos serão conduzidos a um local fora da escola ou nela mesmo, em um final de semana. Sob a orientação de um profissional preparado, trabalham com jogos de sensibilização e técnicas de psicodrama para que possam viver esse momento novo de separação e de desafios. É importante que a direção e alguns professores participem para que os alunos sintam que não deixaram de ser importantes por sair da escola – o amor permanece.

16) O minuto do amor

Nas mesmas linhas do projeto "Vídeo do minuto", este tem como tema o amor. Cada competidor escolhe alguma paisagem, cena ou história que retrate o amor e faz um vídeo com duração de um minuto.

17) Café-da-manhã com o diretor

Uma vez por semana o diretor convida uma sala ou um grupo de alunos para tomar o café-da-manhã com ele. Conversam, trocam experiências, falam da vida. Os alunos se sentirão valorizados de estar com o diretor, não para ser repreendidos, mas para desfrutar de um momento de prazer.

18) Trocando papéis

Em determinado dia festivo, os pais são convidados a voltar a sentar na cadeira dos alunos para ter aulas com os filhos, devidamente preparados para a data. Pode ser também que os professores dêem as aulas, para que os pais saibam como os filhos aprendem e conheçam melhor esses professores. Ou ainda os professores ocupam as cadeiras dos alunos, que darão aula nesse dia.

19) Jogos de família

Outra atividade interessante é organizar a festa da família, um dia em que várias competições esportivas e culturais acontecem ao mesmo tempo, com a participação de crianças de todas as idades e de pais com as mais diversas habilidades. O objetivo é a interação, a convivência de toda a comunidade escolar.

20) Hoje é seu aniversário

No dia do aniversário do professor, principalmente em uma escola pequena, onde não há muitos professores, todos os colegas entram alguns minutos na sala para prestigiar a aula do aniversariante.

21) Passeio ciclístico em família

Pais, filhos, professores e funcionários fazem um passeio ciclístico em local previamente escolhido para que a comunidade possa se relacionar. O passeio pode ser temático e o tema estar estampado nas camisetas. Pode ser comemorativo, o aniversário da escola, por exemplo.

22) Aula afetiva

Todas as sugestões anteriores são pontuais. O importante, no entanto, é transformar todas as aulas em aulas afetivas. Eis o grande desafio do professor. Construir uma aula que seja preparada para um momento de convivência e de aprendizagem. Uma aula libertadora. Uma celebração. A aula será libertadora, afetiva, se for uma celebração. Para a celebração há a preparação, o respeito, o relacionamento, a troca, o amor. Não é possível educar sem amar. Não é possível dar uma aula sem trocar afeto. Que todas as aulas sejam afetivas!

A habilidade emocional é um grande desafio para o educador contemporâneo, qualquer que seja esse educador. Do líder de uma empresa ao presidente de uma associação, passando por pais e professores, todos devem ter essa habilidade.

A habilidade emocional não reduz o aluno a uma consciência ingênua, a um estado de passividade, muito pelo contrário, quem ama, luta, mas sabe os motivos da luta e as armas necessárias para vencê-la. Quem ama, repreende, mas com as palavras corretas, no momento correto e até na medida correta. Quem ama, sofre, mas um sofrimento que leva não ao desespero e sim ao amadurecimento, ao novo desafio. Quem ama, vibra com toda a adequação necessária e o respeito a quem não passa pelo mesmo momento.

Então, desenvolver a habilidade emocional significa ser um chato que faz tudo da forma perfeita? Não, significa ser um caminhante, um errante, um visionário de sonhos e um concretizador de ideais. Significa uma demonstração de grandeza na adversidade, seja ela qual for. A perda de um emprego, um assalto, uma namorada que se foi, um projeto que não deu certo, uma falência, a morte – todos os humanos estão vulneráveis aos mais diversos problemas e obstáculos. É preciso amor, equilíbrio, serenidade para sair ileso desses problemas ou ainda melhor.

Por maior que seja o domínio de um atleta ele precisa desenvolver sua emoção. Se ao primeiro chute errado, ao primeiro saque para fora, ele começa a não mais acreditar em si e se entrega, a derrota será fatal. Se, ao contrário, seu emocional estiver educado, a tendência será a superação dos obstáculos. Assim, um político em campanha, um ator no palco, um cirurgião ou um piloto de avião. Assim um pai, uma mãe, um filho, um aluno, um professor. Sem amor nada somos!

Conclusão

"Este é o meu mandamento: Amai-vos uns aos outros como eu vos amo"
João 15,9

Educação e afeto. Depois de toda essa tentativa de refletir sobre a educação, algumas questões merecem ficar como conclusão do trabalho.

Em primeiro lugar, o processo educacional transcende os muros de uma instituição de ensino. A escola não é a única responsável pela educação. Em segundo lugar, educação é um conceito mais amplo do que ensino, mais abrangente, e significa um processo continuado de aprendizagem – um aprender a aprender que não termina com os ciclos de ensino previstos na Constituição Federal ou na Lei de Diretrizes e Bases da Educação.

Acreditando nessa dimensão complexa do processo educacional, objetivou-se discutir sobre a grandeza da natureza humana, sobre o significado da infância, da juventude e da velhice. Poderia ter-se discutido sobre a adolescência ou a maturidade, ou ainda sobre uma divisão das fases da infância. Entretanto, essas três etapas – infância, juventude e velhice – serviram de pretexto para dizer quão importante é viver cada momento com intensidade, com paixão. Sem estar em uma época apenas se preparando para outra ou lamentando a que se passou. A vida digna é aquela em que o milagre se renova a cada dia na disposição de estar sempre pronto a viver.

A família teve um local privilegiado nesse contexto. Um meio em que a convivência deve ser exercida sem máscaras, sem medo da autenticidade, da sinceridade. Um meio propício para que a evolução aconteça pelo diálogo, pela conquista de espaço. A família se transformou em palco de batalha incessante em que as gerações diferentes vivem em conflitos terríveis. A falta do entendimento, a falta do diálogo, a falta de atenção. A escola nunca conseguirá substituir a família. Cada um tem seu espaço e sua responsabilidade.

Ainda na parte das reflexões, falou-se de temas diversos como o trabalho. O trabalho como dignidade ou como opressão. O trabalho como possibilidade de crescimento, de evolução, de aprendizagem ou como mecanismo de perpetuação no poder de uma minoria que quer acabar com toda a possibilidade de criatividade, de sonho, de conquista. Retirar do humano seu potencial e transformá-lo em um ser sem vida, sem perspectiva, sem luz própria, o que seria um desperdício. E essa reflexão continua na esfera da educação. Quantos problemas há para ser enfrentados e quantos desafios surgem quando se quer levar a sério essa missão digna de formar seres preparados para a vida e para a felicidade.

Liberdade, escravidão, entusiasmo, virtude, elemento essencial. Todo o objetivo dessa primeira parte era refletir. Uma reflexão que possibilitasse o reconhecimento do significado da pessoa humana e da educação, afinal se educa visando a alguma coisa para alguém.

Quando se pensa em educação, pensa-se no mercado de trabalho, nos desafios que surgem no mundo a cada dia. Um mundo que exige cada vez mais da pessoa humana e que não tem volta. Todos os problemas dos centros urbanos e das zonas rurais. Todo o equilíbrio necessário para trabalhar com galhardia na solução desses problemas, enfrentando-os, sem medo e com competência.

Pensar a educação é pensá-la também na escola, e na escola há pessoas e papéis sendo desempenhados. O aluno, sujeito do processo educacional, o grande interessado em ter uma escola viva, crítica, libertadora. É preciso que se comece a questionar o tipo de aluno que uma escola quer formar para que se decidam em conjunto as habilidades que precisam ser trabalhadas. Se assim não for, será como uma casa sem planta, um amontoado de gente ajuntando tijolo e cimento sem saber o que fazer.

O aluno tem de ser amado, respeitado, valorizado. O aluno não é uma tábua rasa, sem nada, em que todas as informações são jogadas. Não é um carrinho vazio de supermercado em que alguém coloca o que bem entende, e o carrinho vai agüentado tudo o que nele é jogado. Ao contrário, o aluno é um gigante que precisa ser despertado. Todo e qualquer aluno tem vocação para brilhar, em áreas distintas, de formas distintas; mas é um ser humano e, como tal, possui inteligência, potencial; se for orientado, acompanhado por educadores conscientes do seu papel, poderá produzir, crescer e construir caminhos de equilíbrio, de felicidade.

O professor, a alma da educação, a alma da escola, o sujeito mais importante na formação do aluno. O professor referencial, o professor mestre, o professor companheiro, o professor amigo, o professor guia, o professor educador. Que missão magnífica é essa? Que carreira privilegiada. Poder contribuir na formação do caráter, da história dos cidadãos. Sabe-se da desvalorização financeira dessa carreira, e essa é uma batalha que deve ser travada no campo de guerra competente, nas reivindicações aos órgãos governamentais, nos sindicatos. Essa guerra não pode ser travada na sala de aula. A sala de aula é um espaço sagrado em que o aluno merece ser valorizado e incensado pelo afeto e pelo saber. E que os empresários da educação e os governos se conscientizem: não são as grandes obras que farão os grandes alunos – é o grande professor que fará o aluno. Por isso, professor precisa de salário digno, de capacitação, de cursos, de treinamento. É preciso investir no humano.

O diretor de escola é um agente de motivação. Tem a responsabilidade de ser um guia para os professores, o parceiro que incentiva, que ajuda a incrementar, que discute junto, que envolve, que faz com que a garra do professor não seja diminuída diante dos problemas que enfrenta. É líder. E como líder tem de reunir os pais, a comunidade, os alunos, os funcionários e fazer com que todos remem na mesma direção, ainda que contra a maré. Se remarem juntos, as possibilidades de chegar a algum porto seguro serão muito maiores.

Na última parte, objetivou-se tratar sobre os três grandes pilares da educação: a habilidade cognitiva, a habilidade social e a habilidade emocional.

A habilidade cognitiva refere-se à articulação entre o conhecimento propriamente dito e as suas relações com a forma de transmissão desse conhecimento. Sua eficácia passa por uma profunda mudança de postura, uma quebra de paradigma. A decisão do conteúdo deve ser feita pela comunidade estudantil, por isso a LDB flexibilizou a grade curricular, optando por um currículo mínimo e dando a possibilidade de que as dimensões regionais pudessem ser contempladas. O mito do conhecimento pronto e acabado tem que dar lugar ao trabalho com a habilidade, com o aprender a aprender, que não envelhece nunca e não acaba. A educação não termina quando o aluno recebe o diploma, ela dura por toda a vida e o acompanha em todos os seus ambientes.

A habilidade social – o aluno é preparado para quê? Naturalmente um dos principais objetivos deve ser sua convivência com o grupo. O desenvolvimento da capacidade de trabalhar em um mundo multicultural onde as diferenças sejam respeitadas. A habilidade social, a capacidade de liderar e de gerir pessoas com problemas diferentes, sonhos diferentes, ideais diferentes.

A habilidade social é ainda visível na construção de um espírito de solidariedade. O movimento da doação, da entrega, da participação. Não é possível viver impunemente em um mundo de incluídos e excluídos. Urge que novos líderes surjam e tenham a sensibilidade de resgatar a dignidade humana em todas as suas dimensões.

Por fim, outra importante habilidade, porque proporciona o aprimoramento das outras, porque impulsiona a aprendizagem libertadora e a felicidade do educador e do educando – é a habilidade emocional. Que capacidade infinda é essa de dar e receber afeto, de sorrir, de chorar, de abraçar, de vibrar, de lembrar das faces imaturas dos jovens estudantes, de seus medos, de seus sonhos. Que capacidade é essa de engasgar a garganta e apertar o peito e de ter a sensibilidade de quem não nega atenção, não nega afeto.

O aluno precisa do humano. Em um mundo onde a violência grassa cada vez mais, onde a agressividade é absolutamente assustadora, a solução não está em mais agressividade nem em armamentos modernos. A solução está no afeto. Em um mundo onde a criança, o jovem, o idoso são desrespeitados, onde a liberdade dá lugar à escravidão, onde milhões passam fome e vivem à mercê da caridade de outros, a solução está no afeto. Em um mundo onde se atingiram patamares de excelência na robótica e na ciência, na evolução cibernética e na revolução da informação, mas não se conseguiu entender o humano, a solução está no afeto.

Não é possível combater a insensibilidade, o desrespeito, a falta de solidariedade, a apatia, a não ser pelo afeto.

Eis nosso intento, deixar uma mensagem e um convite, o início da revolução educacional que precisamos começar com manifestações de amizade e comprometimento, de competência, solidariedade e amor.

A escola dos sonhos dos sonhadores, da poesia dos poetas, da maternidade, da luta dos lutadores começa com a crença de que, em se falando de vida – e como educação é vida –, a solução está no afeto.

Referências bibliográficas

ABRAMOVICH, Fanny (org.). *Meu professor inesquecível.* São Paulo: Gente, 1997.

ABREU, Maria Cecília; MANESTO, Marcos Tarciso. *O professor universitário em aula.* 11ª ed. São Paulo: MG Editores Associados, 1997.

ALVES, Rubem. *Navegando.* Campinas: Papirus, 2000.

ARENDT, Hannah. *O que é política?* Rio de Janeiro: Bertrand Brasil, 1998.

ARISTÓTELES. *La política.* Madri: Editorial Gredos, 1995.

________. *Ética nicomáquea.* 3ª edição, Madri: Editorial Gredos, 1995.

BOFF, Leonardo. *A águia e a galinha – uma metáfora da condição humana.* 21ª ed. Petrópolis: Vozes, 1998.

BUARQUE, Cristovam. *A aventura da universidade.* São Paulo: Unesp, 1993.

CARNEIRO, Moaci Alves. *LDB fácil.* 4ª ed. Petrópolis: Vozes, 1999.

CASCARDI, A. *et alii*. *Retórica e Comunicação*. Porto: Edições ASA, 1994.

CASSIN, Bárbara. *Ensaios sofísticos*. São Paulo: Siciliano, 1990.

CHALITA, Gabriel B. I. *Vivendo a filosofia*. 2º Grau. São Paulo: Atual, 2002.

_______. *O livro dos amores*. São Paulo: Atual, 2003.

_______. *O livro dos sonhos*. São Paulo: Atual, 2003.

CUNHA, Maria Isabel da. *O professor universitário na transição de paradigmas*. Araraquara: JM Editora, 1998.

DEMO, Pedro. *Pesquisa e construção de conhecimento*. 3ª ed. Rio de Janeiro: Tempo Universitário, 1997.

_______. *A nova LDB ranços e avanços*. 10ª ed. Campinas: Papirus, 1997.

_______ . *Educação e desenvolvimento*. Campinas: Papirus, 1999.

DESCARTES, René. *O discurso do método*. Brasília: UNB, 1989.

FOUCAULT, Michel. *A microfísica do poder*. Rio de Janeiro: Graal, 1995.

GARDNER, Howard. *Inteligências múltiplas, a inteligência na prática*. Porto Alegre: Artes Médicas, 1995.

________ *Mentes que lideram: uma autonomia da liderança*. Porto Alegre: Artes Médicas, 1996.

GOLEMAN, Daniel. *Inteligência emocional*. São Paulo: Objetiva, 1995.

HERNÁNDEZ, Fernando. *Transgressão e mudança na educação*. Porto Alegre: Artes Médicas, 1998.

PERRENOUD, Philippe. *10 novas competências para ensinar*. Porto Alegre: Artmed, 2000.

RIBEIRO, Darcy. *A universidade necessária*. 11ª ed. São Paulo: Paz e Terra, 1991.

SERAFINI, Maria Teresa. *Como escrever textos*. 9ª ed. São Paulo: Globo, 1997.

SHINYASHIKI, Roberto. *Os donos do futuro*. São Paulo: Infinito, 2000.

________. *Carícia essencial*. São Paulo: Gente, 1986.

SHINYASHIKI, Roberto; DUMÉT, Eliana Bittencourt. *Amar pode dar certo*. São Paulo: Gente, 1988.

STEINER, Claude. *Educação emocional*. Rio de Janeiro: Objetiva, 1998.

TIBA, Içami. *Ensinar aprendendo*. 4ª ed. São Paulo: Gente, 1998.

_______. *Disciplina – Limite na medida certa*. 26ª ed. São Paulo: Gente, 1996.

_______. *Seja feliz, meu filho*. 11ª ed. São Paulo: Gente, 1995.

VALLE, Edênio. *Educação emocional*. São Paulo: Olho d'Água, 1997.s

VIGOTSKI, L.S. *A formação social da mente*. São Paulo: Martins Fontes, 1999.

_______. *Pensamento e linguagem*. São Paulo: Martins Fontes, 1999.

WOLFF, Robert Paul. *O ideal da universidade*. São Paulo: Unesp, 1993.

CONTATOS COM O AUTOR
Site: www.gabrielchalita.com.br

Este livro foi impresso pela
Arvato do Brasil Gráfica em papel *offset* 75 g.